Frédéric Allaire

L'essentiel *du* Droit des marchés publics

9e édition
2016 2017

Gualino une marque de Lextenso

LES CARRÉS

Cette collection de livres présente de manière synthétique, rigoureuse et pratique l'ensemble des connaissances que l'étudiant doit posséder sur le sujet traité. Elle couvre :
- le Droit et la Science Politique ;
- les Sciences économiques ;
- les Sciences de gestion ;
- les concours de la Fonction publique.

Frédéric Allaire est Maître de conférences HDR à la Faculté de droit et des sciences politiques de Nantes. Il est également directeur du Master 2 Droit public des affaires.

DANGER
LE PHOTOCOPILLAGE TUE LE LIVRE

70, rue du Gouverneur Général Éboué
92131 Issy-les-Moulineaux cedex
ISBN 978 - 2 - 297 - 05411 - 9
ISSN 1288-8206

Suivez-nous sur

PRÉSENTATION

S'il est manifeste que depuis plus d'une dizaine d'années, partant notamment de la jurisprudence du Conseil constitutionnel, émergent les fondements d'un droit de la commande publique visant à étendre les principes qui ont présidé à la constitution du droit des marchés publics moderne à d'autres formes d'externalisation de l'action publique, il est acquis aujourd'hui qu'est désormais consacré en droit positif, un ***droit de la commande publique*** à part entière. Prosaïquement, il est loisible de l'affirmer depuis qu'a été voté le principe de l'adoption du ***Code de la commande publique*** qui soumet à des régimes de publicité et de mise en concurrence analogues aussi bien les marchés publics que les concessions. Si les contours du droit de la commande publique ne manqueront pas d'évoluer tant la délimitation est contestée et contestable, il est désormais sensé d'appréhender le droit de la commande publique en tant qu'il constitue la synthèse de régimes de passation des marchés et des concessions qui, par un effort de convergence, ont permis l'adoption d'un régime juridique cohérent et unifié.

Le ***droit de la commande publique est un régime juridique propre à l'administration lorsqu'elle conclut des contrats pour satisfaire certains de ses besoins***. Ce régime impose aux collectivités publiques de mettre en concurrence des opérateurs économiques préalablement à la sélection d'un cocontractant. Le principe de l'appel d'offres n'est pas en soi spécifique à l'administration dans la mesure où les entreprises procèdent dans leurs pratiques commerciales à des mises en concurrence préalablement à l'achat de travaux, de fournitures ou de services. Cependant, pour celles-ci, si la mise en concurrence est utile, elle n'est pas obligatoire. En revanche, l'administration doit, elle, nécessairement suivre une procédure pour garantir ***la transparence, la liberté d'accès et l'égalité de traitement des opérateurs économiques*** sur le marché. Ce sont ces principes qui inspirent l'ensemble des règles du droit de la commande publique, lesquelles se déploient dans une ambiance de droit public imprégnée de la théorie générale des contrats administratifs.

Bien que d'origine ancienne, le droit des marchés publics peine à trouver ses marques. La jurisprudence est, pour l'analyse de ce régime, un soutien utile à la détermination de la portée des obligations. L'analyse du ***droit des marchés publics consiste donc à faire émerger l'ensemble des obligations qui pèsent sur les collectivités publiques lors de la passation de leurs marchés***. Sa connaissance a non seulement vocation à préserver l'administration du risque contentieux qui peut naître de passations irrégulières, mais aussi et peut-être essentiellement, à lui donner les moyens d'utiliser ce régime juridique comme un levier lui permettant d'assurer la viabilité économique de ses achats. Derrière le droit se cache un outil d'aide à la gestion dont la maîtrise doit permettre de comprendre que, même pour l'administration, acheter est un acte commercial dont aucune règle ne suffirait à garantir la qualité.

SOMMAIRE

SOMMAIRE

SOMMAIRE

Généralités

La commande publique représente 20 % du PIB en France soit près de 400 milliards d'euros de sorte qu'elle concentre dans la conjonction des textes européens et nationaux l'ensemble des enjeux que cette valeur économique fait peser sur les finances publiques, la gestion administrative et le marché économique.

1 Mutations du droit des marchés publics

Le droit des marchés publics a, ces dernières années, évolué sensiblement, recouvrant des finalités différentes qui aujourd'hui se superposent.

■ *Protection des deniers publics*

Le droit des marchés publics est probablement la première expression d'un droit propre aux contrats de l'administration dont on peut dater les origines dès le Moyen Âge lorsqu'imposant des obligations de concurrence, l'État devait attribuer le marché au candidat qui proposait « *l'offre de faire la meilleure chose au meilleur compte* ». La protection des deniers publics en tant qu'objectif essentiellement financier n'a pas laissé de constituer le fondement des dispositifs qui émaillèrent la lente émergence du droit de la commande publique en passant par la loi et le décret impériaux qui imposèrent sous la monarchie de juillet une obligation de publicité et de mise en concurrence pour l'approvisionnement en fournitures, la réalisation de biens et de prestations de services pour le compte de personnes publiques, jusqu'aux régimes applicables dans les années 1990. Dans cette perspective, la vocation essentielle du droit des marchés publics était l'attribution du marché à l'opérateur proposant l'offre la moins-disante.

Lutte contre la corruption

À compter des années 1990, la recrudescence des scandales politiques et financiers liés en partie à l'absence d'un régime juridique de financement des partis politiques, a généré l'adoption de dispositions renforçant les procédures de mise en concurrence, en garantissant notamment une stricte séparation entre les collectivités publiques et les entreprises. Ce mouvement réglementaire s'est accompagné de la création d'infractions sanctionnées par le Code pénal visant distinctement à endiguer la corruption à laquelle donnaient lieu les procédures de passation des marchés publics.

Suivant l'article 432-14 du Code pénal, « *est puni de deux ans d'emprisonnement et de 30 000 euros d'amende le fait par une personne dépositaire de l'autorité publique ou chargée d'une mission de service public ou investie d'un mandat électif public ou exerçant les fonctions de représentant, administrateur ou agent de l'État, des collectivités territoriales, des établissements publics, des sociétés d'économie mixte d'intérêt national chargées d'une mission de service public et des sociétés d'économie mixte locales ou par toute personne agissant pour le compte de l'une de celles susmentionnées de procurer ou de tenter de procurer à autrui un avantage injustifié par un acte contraire aux dispositions législatives ou réglementaires ayant pour objet de garantir la liberté d'accès et l'égalité des candidats dans les marchés publics et les délégations de service public* ».

Cette infraction est celle la plus couramment invoquée dans le droit pénal de l'achat public. La tentative est sanctionnée au même titre et dans les mêmes conditions que la commission de l'infraction (*Cass. crim., 15 septembre 1999*). Il faut que les dispositions législatives ou réglementaires méconnues soient d'ordre public et claires et précises (*Cass. crim., 2 avril 1998*). Ainsi, le recours injustifié à la procédure du marché passé selon une procédure adaptée par le fractionnement illicite d'une même opération en plusieurs pourra être poursuivi pénalement (*Cass. crim., 30 juin 1999*).

L'élément intentionnel du délit est caractérisé par l'accomplissement en connaissance de cause d'un acte contraire aux dispositions législatives ou réglementaires ayant pour objet de garantir la liberté d'accès et l'égalité des candidats dans les marchés publics et les délégations de service public (*Cass. crim., 14 janvier 2004*).

En conséquence, le délit de favoritisme peut être constitué même lors de la passation de marchés qui ne sont pas soumis à des procédures formalisées (*Cass. crim., 14 février 2007, E. M., C. N., D. S.*). Il en ira de même de la violation des règles relatives à la publicité des procédures de mise en concurrence. Il n'est pas nécessaire, pour que l'infraction soit constatée, que l'autorité publique ait reçu une contrepartie de l'octroi d'avantages injustifiés. La simple conscience par l'auteur de la violation d'une disposition légale ou réglementaire relative à l'attribution des marchés publics suffit à traduire chez ce dernier son intention de favoriser la commission de l'infraction d'atteinte à la liberté d'accès et à l'égalité des candidats dans les marchés publics (*CA de Saint-Denis de la Réunion, 20 février 2012*).

S'ajoutent à cette infraction précisément destinée à la lutte contre la corruption dans la commande publique plusieurs infractions pouvant être constatées à l'occasion de la passation de marchés publics ou de délégations de service public.

Ainsi est sanctionné le ***délit de prises illégales d'intérêts*** par l'article 432-12 du Code pénal, suivant lequel « *le fait, par une personne dépositaire de l'autorité publique ou chargée d'une mission de service public ou par une personne investie d'un mandat électif public, de prendre, recevoir ou conserver, directement ou indirectement, un intérêt quelconque dans une entreprise ou dans une opération dont elle a, au moment de l'acte, en tout ou partie, la charge d'assurer la surveillance, l'administration, la liquidation ou le paiement, est puni de cinq ans d'emprisonnement et de 75 000 euros d'amende* ».

De même, sont sanctionnés les délits de corruption passive et le trafic d'influence par l'article 432-11 du Code pénal, suivant lequel « *est puni de dix ans d'emprisonnement et de 150 000 euros d'amende le fait, par une personne dépositaire de l'autorité publique, chargée d'une mission de service public, ou investie d'un mandat électif public, de solliciter ou d'agréer, sans droit, à tout moment, directement ou indirectement, des offres, des promesses, des dons, des présents ou des avantages quelconques :*

1° Soit pour accomplir ou s'abstenir d'accomplir un acte de sa fonction, de sa mission ou de son mandat ou facilité par sa fonction, sa mission ou son mandat ;

2° Soit pour abuser de son influence réelle ou supposée en vue de faire obtenir d'une autorité ou d'une administration publique des distinctions, des emplois, des marchés ou toute autre décision favorable ».

Chaque année depuis l'an 2000, trente à quarante condamnations sont prononcées pour chacune des infractions de délits de favoritisme et de prise illégale d'intérêts par les juridictions pénales.

Pour le ministère de la Justice, l'arsenal de prévention et de lutte semble suffisant, les entreprises illégalement évincées ayant droit à des dommages et intérêts. L'effort des collectivités publiques doit porter sur la lutte en amont contre ces pratiques. C'est pourquoi le ministère de la Justice rappelle l'importance d'associer les agents de la Direction générale de la concurrence, de la consommation et de la répression des fraudes (DGCCRF).

■ Constitution du marché commun : favoriser la concurrence

De manière contemporaine à l'adoption des dispositifs de lutte contre la corruption dans les années 1990, le droit de l'Union européenne est venu marquer de son empreinte le droit des marchés publics en adoptant une série de directives dans les années 1992 et 1993. La philosophie de ces régimes est, sans être étrangère pour autant à celle du Code des marchés publics en droit français, différente. Le droit des marchés publics doit servir de levier pour stimuler la concurrence et assurer la construction du marché commun.

Le droit de l'Union a donc élaboré un droit des marchés publics dont la vocation première consistait à assurer la publicité et la mise en concurrence de marchés dont la valeur importante pouvait concerner des opérateurs économiques de toute l'Union européenne.

L'impact du droit de l'Union s'est manifesté de deux manières :

– d'abord, il a ***favorisé l'articulation entre le droit des marchés publics et le droit de la concurrence***. Dès lors, le droit des marchés publics a constitué un moyen de lutter contre les atteintes à la libre concurrence (*Ord. 1er décembre 1986*) et notamment les ententes illicites qui peuvent être décelées à l'occasion d'une procédure de passation d'un marché public (*Cons. conc., 26 juin 2007, relative à des pratiques mises en œuvre dans le secteur de la location entretien du linge*).
  Le droit des marchés publics est l'enjeu de diverses techniques permettant un contournement des règles de concurrence. Lors d'une mise en concurrence, les candidats peuvent s'entendre pour présenter une offre de principe ou offre « carte de visite » ou bien encore une offre de « couverture ».
  Dans le premier cas, il s'agit de l'hypothèse où des entreprises qui veulent manifester leur présence sur le marché font une offre qui n'est économiquement pas viable. Le cumul de ces offres lors d'une mise en concurrence contribue à générer une concurrence d'apparence.
  La seconde hypothèse correspond à celle où des entreprises s'entendent pour se répartir des marchés. Toutes se présentent à divers appels d'offres en prenant soin qu'à chaque mise en concurrence, une seule de ces entreprises soit susceptible d'obtenir le marché. Ces pratiques, prohibées, sont difficiles à détecter et à mettre en évidence. La présence d'un représentant de la DGCCRF dans la commission d'appel d'offres est alors, particulièrement bienvenue ; en toute hypothèse, la reconnaissance par le juge de la concurrence de l'attribution d'un marché public en méconnaissance du droit de la concurrence ouvre droit au pouvoir adjudicateur, sur le fondement du dol incident, à l'indemnisation du préjudice subi (*CE, 19 décembre 2007, Campenon-Bernard*) ;

– le second effet du droit de l'Union réside dans la diffusion d'un dogme de la mise en concurrence qui se traduit ***la soumission la plus large possible aux obligations de publicité et de mise en concurrence***. Ainsi, sous la qualification de marchés publics, un nombre toujours plus important de contrats passés par les personnes publiques est soumis aux obligations de transparence et de mise en concurrence, au point que soit envisagé non plus un droit des marchés publics mais un droit de la commande publique. En outre, tout besoin de l'administration ou toute prestation nécessaire à son fonctionnement devrait pouvoir être satisfait par le marché.

■ *Efficacité administrative*

Dans la perspective des évolutions suscitées par le droit de l'Union, la philosophie du droit des marchés publics a évolué en droit interne. Si le droit des marchés publics se conforme aux directives communautaires, il n'en adopte pas pour autant la logique. Suivant l'article 1er de l'ordonnance Marché, les objectifs du droit des marchés publics sont l'efficacité de la commande publique et la bonne utilisation des deniers publics. Les finalités de la commande publique ne sont plus exclusivement la protection des deniers publics. Il faudrait même dire que la protection des deniers publics est devenue l'accessoire d'une finalité plus importante qui consiste à concevoir le droit des marchés publics comme un régime juridique de bonne gestion administrative.

La finalité première n'est donc plus exclusivement de protéger les finances publiques, mais bien de proposer un régime juridique contractuel pour que les marchés conclus soient les meilleurs possibles. C'est ce que l'on désigne par la satisfaction du ***mieux-disant*** qui doit se substituer à la recherche du moins-disant. Cette logique, louable mais très imparfaite, se manifeste notamment dans l'élaboration d'un régime d'évaluation de la qualité économique des contrats passés. On peut s'interroger sur la pertinence d'une telle évolution qui consiste à « juridiciser » des méthodes de gestion ou des savoir-faire.

Les objectifs de concurrence qui président à la conception unioniste du droit des marchés publics sont ici relégués au rang de moyens d'un achat public performant.

■ *L'émergence d'une nouvelle finalité ambiguë*

La valeur financière que représente la somme des marchés publics passés en Europe emporte une volonté d'utiliser la commande publique comme levier de politiques publiques qu'elles soient économiques, environnementales ou sociales. Il s'agit de faire de la passation de contrats publics le vecteur d'un transfert d'argent public vers des activités privées qui présentent une valeur ajoutée pour la protection de l'environnement, pour le développement d'un tissu économique spécifique (tel que le développement des PME-PMI) ou pour encore la protection sociale.

Cette conception « macro » de l'utilisation de la commande publique constitue les fondements de la théorie économique keynésienne de relance de l'économie par l'investissement public. Néanmoins, si les marchés publics étaient appréhendés comme un outil économique dont les effets induits devaient générer des conséquences macroéconomiques, cette conception n'emportait pas de conséquences particulières pour le droit des marchés publics. Cependant, l'utilisation des marchés publics comme levier politique s'est manifestée depuis quelques années de manière subsidiaire jusqu'à devenir un objectif explicitement affiché des directives « Marchés » du 26 février 2014.

Ainsi, les directives disposent dès leur préambule que cette proposition est motivée par la volonté de « *permettre aux acheteurs de mieux utiliser l'instrument des marchés publics au soutien d'objectifs sociétaux communs, par exemple protéger l'environnement, veiller à une meilleure utilisation des ressources et à une plus grande efficacité énergétique, lutter contre le changement climatique, promouvoir l'innovation, l'emploi et l'inclusion sociale et assurer les meilleures conditions possibles pour l'offre de services sociaux de grande qualité* ». Ces objectifs étaient jusque-là intégrés dans le corps du Code des marchés publics sans qu'il impose d'obligations. La réforme des directives européennes visait à introduire dans le droit des marchés publics des obligations nouvelles qui s'imposeraient aux acheteurs publics.

Cependant, cet objectif portait une ambition qui supposait de rendre subsidiaire l'intérêt économique ressortissant de la commande publique pour faire prévaloir des intérêts environnementaux ou sociaux. Au terme d'un processus législatif laborieux qui a abouti à l'adoption des directives « Marchés », la dimension économique reste celle qui prévaut sur les avantages sociétaux ou environnementaux que pourrait retirer la collectivité publique d'une préférence auquel de nombreux acteurs aspiraient. Dès lors, la défense ou la promotion de ces intérêts ne sauraient se faire au mépris de l'intérêt économique de sorte qu'ils restent maintenus dans une vocation subsidiaire.

Ainsi, suivant l'article 67 de la directive, « *les pouvoirs adjudicateurs se fondent, pour attribuer les marchés publics, sur l'offre économiquement la plus avantageuse* » telle qu'elle se dégage du prix ou du coût, selon une approche fondée sur le rapport coût/efficacité, telle que le coût du cycle de vie, conformément à l'article 68, et « *peut tenir compte du meilleur rapport qualité/prix, qui est évalué sur la base de critères comprenant des aspects qualitatifs, environnementaux et/ou sociaux liés à l'objet du marché public concerné* ».

Dans cette perspective, la protection de l'environnement n'est pas un objectif premier mais une finalité qui peut être atteinte dans la mesure où celle-ci présente une traduction économique. Tel est le sens de l'introduction du coût du cycle de vie qui permet de prendre en considération les avantages économiques de l'évaluation des externalités négatives et positives de mode de production et d'utilisation d'un produit.

Dès lors, les directives « Marchés » ne bouleversent pas la logique qui a présidé à leur adoption depuis les années 1990 et dont la jurisprudence constitutionnelle avait consacré le sens dans l'arrêt du 6 décembre 2001 relatif à la loi MURCEF qui avait censuré le régime de préférence à l'endroit des sociétés coopératives comme portant atteinte au principe d'égalité devant la loi en dépit du fait que « *le législateur peut, dans le but de concilier l'efficacité de la commande publique et l'égalité de traitement entre les candidats avec d'autres objectifs d'intérêt général inspirés notamment par des préoccupations sociales, prévoir un droit de préférence, à égalité de prix ou à équivalence d'offres, en faveur de certaines catégories de candidats* ». Il a limité ce principe en précisant « *que, s'il lui est également loisible, dans le même but, de réserver l'attribution d'une partie de certains marchés à des catégories d'organismes précisément déterminées, il ne saurait le faire que pour une part réduite, pour des prestations définies et dans la mesure strictement nécessaire à la satisfaction des objectifs d'intérêt général ainsi poursuivis* ».

2 Sources

Si le droit des marchés publics constitue la référence essentielle pour l'achat public, il est l'émanation d'un ensemble de dispositifs juridiques, notamment d'origine européenne, qu'il faut lire à la lumière de plusieurs régimes juridiques contractuels.

■ *Normes constitutionnelles*

Le droit constitutionnel n'est pas le terrain le plus fertile de la constitution du droit des marchés publics. Néanmoins, il a offert une matrice au développement de celui-ci en consacrant au rang constitutionnel les principes juridiques qui en constituaient les fondements dans le droit de l'Union et le droit national.

Le Conseil constitutionnel a d'abord reconnu une valeur constitutionnelle au ***principe d'égalité devant la commande publique*** en considérant que « *le législateur peut, dans le but de concilier l'efficacité de la commande publique et l'égalité de traitement entre les candidats avec d'autres objectifs d'intérêt général inspirés notamment par des préoccupations sociales, prévoir un droit de préférence, à égalité de prix ou à équivalence d'offres, en faveur de certaines catégories de candidats ; que, s'il lui est également loisible, dans le même but, de réserver l'attribution d'une partie de certains marchés à des catégories d'organismes précisément déterminées, il ne saurait le faire que pour une part réduite, pour des prestations définies et dans la mesure strictement nécessaire à la satisfaction des objectifs d'intérêt général ainsi poursuivis* » (*Cons. const., 6 décembre 2001*).

Il a ensuite reconnu dans sa décision relative à la loi d'organisation et d'orientation pour la sécurité intérieure la valeur constitutionnelle du *principe de transparence* en matière de marchés publics en tant « *qu'il garantit le bon emploi des deniers publics tel que l'article 14 de la Déclaration de 1789 l'exige* » (*Cons. const., 22 août 2002*).

Enfin, le Conseil constitutionnel a jugé que découlaient des articles 6 et 14 de la Déclaration des droits de l'homme et du citoyen du 26 août 1789, et à ce titre avaient valeur constitutionnelle, les principes rappelés par l'article 1er du Code des marchés publics, aux termes duquel « *les marchés publics respectent les principes de liberté d'accès à la commande publique, d'égalité de traitement des candidats et de transparence des procédures. L'efficacité de la commande publique et la bonne utilisation des deniers publics sont assurées par la définition préalable des besoins, le respect des obligations de publicité et de mise en concurrence ainsi que par le choix de l'offre économiquement la plus avantageuse* » (*Cons. const., 26 juin 2003, Loi habilitant le gouvernement à simplifier le droit*).

■ *Droit de l'Union européenne et international*

Le droit de l'Union constitue une source essentielle dans l'élaboration du droit de la commande publique. Deux séries de directives constituent son socle :

- une première salve de directives datant de 1992 et 1993 a défini les obligations de publicité et de mise en concurrence pour chaque type de marché (travaux, fournitures et services) dans le secteur classique et dans les secteurs exclus (c'est-à-dire, les secteurs bénéficiant de droits exclusifs). Ces directives ont été remplacées par deux directives en date du 31 mars 2004 relatives à la coordination des procédures de passation des marchés de travaux, de fournitures et de services, et, à la coordination des procédures de passation des marchés dans les secteurs de l'eau, de l'énergie, des transports et des services postaux. Les directives du 31 mars 2004 sont aujourd'hui en passe d'être abrogées et remplacées par deux directives du 26 février 2014 publiées le 28 mars, qui devront être transposées avant le 18 avril 2016.

  Une troisième directive relative au recours en matière contractuelle a été adoptée le 11 décembre 2007 et transposée en France par l'ordonnance n° 2009-515 du 7 mai 2009 relative aux procédures de recours applicables aux contrats de la commande publique.

  Si cette dernière reste toujours en vigueur, celles du 31 mars 2004 ont été remplacées par deux directives Marchés du 26 février 2014, l'une constituant le régime de droit commun et l'autre, le régime propre aux secteurs spéciaux, complété par une directive Concession du même jour, jusque-là sans précédent.

  Ces deux directives sont adossées aux principes de libre circulation des personnes et des services interdisant les discriminations en fonction de la nationalité (*CJCE, 26 juin 1978, Kenny*), les

restrictions quantitatives à l'importation ainsi que toutes mesures d'effet équivalent (*CJCE, 22 mars 1977, Lanelli*), prévoyant l'abolition de toute discrimination fondée sur la nationalité (*CJCE, 4 décembre 1974, Van Duyn*) et assurant la libre prestation des services (*CJCE, 28 avril 1977, Thieffry*).
Dans le prolongement de la réforme de ces directives, les directives 89/665/CEE et 92/13/CEE relatives aux recours contentieux ont été réformées par la directive 2007/66/CE en ce qui concerne l'amélioration de l'efficacité des procédures de recours en matière de passation des marchés publics ;

– les directives sont complétées par divers règlements communautaires notamment pour la fixation de modèles d'avis de publicité ou la fixation annuelle des seuils de passation. Le juge de la Cour de justice des Communautés européennes joue un rôle important dans la constitution et l'interprétation du droit communautaire relatif au droit des marchés publics.

À ce régime d'origine communautaire, il faut ajouter la référence aux ***Accords OMC*** (*décret n° 95-1242 du 24 novembre 1995*) sur les marchés publics qui n'ont d'effets juridiques que dans la mesure où il y est fait référence dans les marchés conclus. Ils sont issus des Accords de Marrakech du 15 avril 1994, adoptés dans le cadre des négociations du GATT et correspondent à l'annexe AMP qui dispose « *qu'un cadre multilatéral efficace de droits et d'obligations concernant les lois, règlements, procédures et pratiques en matière de marchés publics est nécessaire en vue de réaliser l'expansion et une libération plus large du commerce mondial et d'améliorer le cadre international qui régit le commerce mondial* ». Ils sont fondés sur le principe selon lequel « *les lois, règlements, procédures et pratiques en matière de marchés publics ne devraient pas être élaborés, adoptés, ou appliqués aux produits et aux services étrangers ou nationaux ni aux fournisseurs étrangers ou nationaux de façon à accorder une protection aux produits ou aux services nationaux ou aux fournisseurs nationaux, et qu'ils ne devraient pas établir de discrimination entre des produits ou des services étrangers ou entre des fournisseurs étrangers* ».

L'accord prévoit le libre accès pour les entreprises européennes à tous les contrats au niveau des gouvernements centraux ainsi qu'à la quasi-totalité des contrats passés par les autorités régionales et locales. Il prévoit des procédures de contestation pour les entreprises européennes dans les pays concernés. Ces entreprises pourront porter plainte devant les cours ou tribunaux de ces pays et obtenir, entre autres, la correction de la violation ou une compensation des pertes ou dommages subis.

Droit national

Le droit national des marchés publics s'est constitué formellement par la réunion des textes assurant la transposition des directives Marché. Celui-ci comprend désormais l'ordonnance du 23 juillet 2015, le décret du 25 mars 2016 et divers arrêtés pris en application du décret.

Les pouvoirs publics ont ainsi abrogé la plupart des textes antérieurs pour leur substituer un seul régime. Ainsi a été abrogé le Code des marchés publics tel qu'il procédait du décret n° 2006-975 du 1er août 2006 qui avait succédé au décret du 7 janvier 2004 et à celui du 7 mars 2001 qui avait fondé le premier code des marchés publics.

Il abroge en outre l'ordonnance du 17 juin 2004 relative aux contrats de partenariat, la loi du 20 juillet 2005 relative aux concessions d'aménagement et son décret d'application du 22 juillet 2009 relatif aux conditions de passation des concessions d'aménagement, l'ordonnance du 15 juillet 2009 relative aux contrats de concession de travaux publics et le décret du 26 avril 2010 relatif aux contrats de concession de travaux publics et portant diverses dispositions en matière de commande publique, les chapitres IV, V et VI de la loi du 29 janvier 1993 relative à la prévention de la corruption et à la transparence de la vie économique et des procédures publiques ainsi que l'ordonnance du 6 juin 2005 relative aux marchés passés par certaines personnes publiques ou privées non soumises au Code des marchés publics et le décret du 30 décembre 2005 fixant les règles applicables aux marchés passés par ceux-ci.

Le droit de la commande publique en ce qu'il constitue un « droit très spécial » prend sa source dans la théorie générale des contrats administratifs et plus largement encore, dans le droit des obligations.

Il abroge aussi l'article de la loi du 11 décembre 2001 dite loi « MURCEF » qui disposait que « tous les contrats passés sous l'empire du Code des marchés publics sont des contrats administratifs ». L'article 3 de l'ordonnance Marché dispose désormais que les contrats passés par des personnes morales de droit public, sous l'empire du code de la commande publique, sont des contrats administratifs. Dès lors, s'imposent l'application du droit général des contrats administratifs et la soumission des litiges procédant de la passation et de l'exécution de ces contrats à la compétence de l'ordre juridictionnel administratif suivant un régime contentieux qui ne cessent depuis quelques années, de se spécialiser. L'adoption de ces régimes qui aurait pu être l'occasion de consacrer la nature administrative des marchés publics et d'unifier son contentieux sous l'office d'un seul et même ordre de juridiction, a maintenu une dualité de contrat tout en modifiant le tracé de la ligne de démarcation. L'ambition unificatrice de la loi MURCEF qui consistait à qualifier de contrats administratifs tous les contrats passés sous l'empire du code des marchés publics, avait été remise en cause par l'adoption de l'ordonnance du 6 juin 2005 qui transposait les directives

« Marchés » a certains organismes qui lui étaient soumis. Cette dichotomie est désormais dépassée par la soumission des marchés antérieurement passés par les pouvoirs adjudicateurs visés par l'ordonnance du 6 juin 2005 au droit des marchés publics tel qu'il procède sans distinction de l'ordonnance du 23 juillet 2015.

Il ne faut pas en déduire pour autant que tous les marchés publics sont des contrats administratifs, l'ordonnance ayant réintroduit une discrimination entre les personnes morales de droit public dont les marchés publics sont des contrats administratifs et les personnes morales de droit privé dont les marchés publics sont des contrats de droit privé. Si cette option présente le mérite de la simplicité et de la cohérence des régimes contentieux en fonction du statut des personnes morales, elle trahit l'ambiguïté qui ne laisse pas peser sur le droit de la commande publique en ce que ce régime, bien que spécifique aux contrats de l'administration, ne présenterait pas les qualités d'un droit administratif. À de nombreux égards, cette dichotomie semble renvoyer l'image d'un droit de la commande publique strictement procédural qui, n'ayant aucune incidence sur la substance du contrat, pourrait rester indifférente à sa nature de sorte que la répartition du contentieux contractuel entre les ordres de juridictions réponde essentiellement à des enjeux d'organisation de la justice. Cette acception pourrait sembler datée tant il est aujourd'hui manifeste que le droit de la commande publique est devenu un droit des obligations dont les principes fondamentaux constituent la source d'un aménagement voir d'une remise en cause au nom des objectifs de la commande publique, des principes des contrats civils et commerciaux.

Hormis le régime contentieux des contrats de commande publique, le régime de ces contrats reste, même lorsqu'ils sont administratifs, assujetti la théorie générale des obligations qui implique, par référence à ces principes, l'application du Code civil (*CE, 2 février 1973, Trannoy*) mais aussi des régimes spéciaux tels que le Code de la consommation (*CE, 11 juillet 2001, Société des eaux de Nord*), le Code du commerce qui reprend notamment l'ordonnance du 1er décembre 1986, le Code pénal, le Code du travail, ou bien encore le Code des assurances, le Code de la Mutualité, le Code de la sécurité sociale, le Code de la propriété intellectuelle, etc.

Enfin, la passation des contrats de commande publiques s'intègre dans un contexte de droit public qui impose une articulation étroite le droit des travaux publics avec la loi du 12 juillet 1985 relative à la maîtrise d'ouvrage publique et à ses rapports avec la maîtrise d'œuvre privée, le droit des collectivités territoriales codifiées dans le Code général des collectivités territoriales (CGCT), le droit des finances publiques, etc.

Doctrine administrative

Le droit de la commande publique est constamment accompagné d'une doctrine administrative foisonnante. Chaque réforme juridique est généralement suivie d'une instruction ou d'une circulaire.

3 Principes fondamentaux

Le droit de la commande publique est fondé sur plusieurs principes fondamentaux que sont les principes de liberté d'accès à la commande publique, d'égalité de traitement des candidats et de transparence des procédures. Ces principes permettent d'assurer l'efficacité de la commande publique et la bonne utilisation des deniers publics.

Les articles 1er des ordonnances Marché et Concession consacrent formellement ces principes fondamentaux qui ont acquis le statut de principes généraux du droit (*CE avis, 29 juillet 2002, Société MAJ Blanchisserie de Pantin*) et de principes de valeur constitutionnelle (*Cons. const., 26 juillet 2003, Loi habilitant le gouvernement à simplifier le droit*), sous l'impulsion de la jurisprudence communautaire (*CJCE, 7 décembre 2000, Telaustria Verlags GmbH*).

Il en ressort que ces principes sont applicables à tous les contrats de commande publique de sorte que même ceux qui échappent aux procédures formalisées prévues par le code en raison de leur montant doivent respecter les principes fondamentaux gouvernant la commande publique. Par ailleurs, la CJUE souligne-t-elle (*CJCE, 3 décembre 2001, Bent Moustey Yestergaard)* que tout marché, même inférieur aux seuils communautaires, doit respecter les règles fondamentales du traité de Rome, et notamment le principe de non-discrimination à raison de la nationalité des opérateurs économiques. Ces principes présentent non seulement un intérêt majeur pour les États-membres dans l'adoption des textes assurant la transposition du droit de l'Union en matière de commande publique mais aussi pour les pouvoirs adjudicateurs et entités adjudicatrices qui doivent définir leurs propres procédures sous le contrôle du juge des contrats mais aussi du juge pénal, lorsque certains contrats en raison notamment de leur montant n'entrent pas dans le champ des procédures textuellement formalisées qui précisent de manière détaillée, les procédures à suivre.

Transparence

Cette obligation de transparence qui incombe au pouvoir adjudicateur consiste à « *garantir, en faveur de tout soumissionnaire potentiel, un degré de publicité adéquat permettant une ouverture du marché des services à la concurrence ainsi que le contrôle de l'impartialité des procédures d'adjudication* » et que, s'agissant même des contrats non soumis à mise en concurrence, « *les entités adjudicatrices les concluant sont, néanmoins, tenues de respecter les règles fondamentales du traité en général et le principe de non-discrimination en raison de la nationalité en particulier, ce principe impliquant, notamment, une obligation de transparence qui permet au pouvoir adjudicateur de s'assurer que ledit principe est respecté* » (*CJCE, 7 décembre 2000, Telaustria Verlags GmbH*).

■ *Liberté d'accès*

Le principe de la liberté d'accès est le corollaire de la constitution du marché commun. Aucun obstacle ne doit être porté, sauf motif d'intérêt général ou d'ordre public, à l'accès à la candidature et à l'obtention de marchés publics. Instituées par le Traité de l'Union européenne dans son article 49, « *les restrictions à la libre prestation des services à l'intérieur de la Communauté sont interdites à l'égard des ressortissants des États membres établis dans un pays de la Communauté autre que celui du destinataire de la prestation* ».

Dès lors, l'interdiction faite des opérateurs économiques n'ayant pas la qualité d'expert-géomètres de se porter candidats à l'attribution de marchés publics dont seulement 4 lots sur 48 imposaient par leurs objets la restriction d'accès à la commande publique en vertu du monopole dont bénéficie cette profession, est illégale en tant qu'elle méconnaît le principe de liberté d'accès à la commande publique (*CAA de Bordeaux, 18 décembre 2012*).

Ainsi, est autorisée à présenter sa candidature tout entreprise de l'Union européenne, qu'elle exerce son activité en libre prestation de services ou en liberté d'établissement.

De même, le principe de la liberté d'accès à la commande publique autorise les personnes publiques à se porter candidates à l'attribution d'un marché public ou d'un contrat de délégation de service public. Aussi « *la personne qui envisage de conclure un contrat dont la passation est soumise à des obligations de publicité et de mise en concurrence ne peut refuser par principe d'admettre à concourir une personne publique* » (*CE, avis, 8 novembre 2000, Société Jean-Louis Bernard Consultants*).

En outre, l'autorisation pour présenter une candidature ou pour se voir attribuer un marché, ne peut être justifiée par le critère de l'implantation locale en ce qu'il porterait atteinte à la liberté d'accès à la commande publique. Cependant, certaines considérations tenant à l'implantation locale, par exemple des délais d'intervention rapide, peuvent justifier le recours à un tel critère. Ainsi, un marché est légal si son attribution est conditionnée à l'engagement pris par l'entreprise candidate de créer une antenne locale (*CE, 14 janvier 1998, Société Martin-Fourquin*).

■ *Égalité de traitement*

Le respect du principe d'égalité n'est pas l'apanage du droit de la commande publique. C'est un principe général du droit (*CE, 9 mars 1951, Société des concerts du Conservatoire*). Mais il est particulièrement essentiel dans le droit de la commande publique. Le principe d'égalité de traitement des soumissionnaires constitue de manière itérative le fondement des directives relatives aux procédures de passation des marchés publics (*CJCE, 12 décembre 2002, Universale-Bau AG*).

Le principe de l'égalité de traitement emporte un certain nombre d'effets juridiques sur les procédures de passation :

- en premier lieu, le principe de l'égalité de traitement interdit que celui qui a participé à la conception du marché puisse être candidat à son attribution lorsque par sa participation préalable directe ou indirecte à la préparation de la procédure de passation, il a eu accès à des informations susceptibles de créer une distorsion de concurrence par rapport aux autres candidats. Il pourrait avoir influé même involontairement sur les caractéristiques du marché à venir dans un sens qui lui serait favorable (*CJCE, 3 mars 2005, Fabricom S. A. c/État Belge*) ;
- par ailleurs, il faut que les discriminations qui peuvent être opérées pour l'accès à un marché soient justifiées par l'objet du marché. Par exemple, seules les professions habilitées à exercer une activité d'assurance pourront prétendre à la passation d'un marché public d'assurance. Ainsi, *a contrario*, ne peuvent être exclusivement autorisées à se porter candidates les petites et moyennes entreprises, dans la mesure où de telles discriminations conduisent nécessairement à faire de la taille des entreprises un critère de sélection des candidatures, alors qu'un tel critère, qui n'est pas toujours lié à l'objet du marché, revêt un caractère discriminatoire et méconnaît le principe d'égal accès à la commande publique (*CE, 9 juillet 2007, Synd. EGF-BTP*). De même, est illégale la délibération prévoyant de faire figurer dans les documents des marchés publics une clause dite de « mieux disant social » destinée à permettre à la commission d'appel d'offres d'évincer les entreprises soumissionnaires qui auraient recours au « CNE » (contrat nouvelle embauche) en ce qu'elle méconnaît le principe d'égalité de traitement des candidats aux marchés publics.

La notion de marchés publics

Chapitre 1

En tant que contrat de la commande publique, les marchés publics partagent avec d'autres contrats des caractéristiques communes. Néanmoins, il est nécessaire de les distinguer en ce qu'ils sont chacun soumis à des juridiques propres.

1 Les marchés publics

Les marchés publics sont les marchés, les accords-cadres et les marchés de partenariat.

■ *Les marchés*

Les marchés sont les contrats conclus à titre onéreux par un ou plusieurs acheteurs avec un ou plusieurs opérateurs économiques, pour répondre à leurs besoins en matière de travaux, de fournitures ou de services.

a) Un contrat

La nature contractuelle d'un marché public a vocation à exclure les externalisations unilatérales, pratiquement exceptionnelles. Ainsi, par exemple, le Conseil d'État a jugé que la désignation d'exploitants de réseaux de transports en Ile-de-France n'était pas soumise aux règles du code des marchés publics en ce qu'il s'agissait d'une décision unilatérale du syndicat des transports (*CE, 13 juillet 2007, Commune de Rosny-sous-Bois*).

La nature contractuelle est déduite par le juge de la présence des conditions de validité d'un contrat telles que définies par le Code civil. Dès lors, en l'absence d'accord sur les éléments essentiels du contrat, l'acte ne peut être considéré comme valablement constitué (*CE, 26 septembre 2007, Société Procédés et Matériels de Construction*).

b) Caractère onéreux

Il est un critère important dont l'acception, non exclusivement financière, a permis d'intégrer un certain nombre de contrats dans le champ d'application du droit des marchés publics.

Le Conseil d'État a, en effet, admis à propos de contrats de mobilier urbain (*CE, ass., 4 novembre 2005, Société Jean-Claude Decaux*) « *qu'en application de la convention signée entre la commune de Villetaneuse et la Société Jean-Claude Decaux, il appartenait à cette dernière de fournir, d'installer et d'assurer l'entretien d'abribus publicitaires comportant un banc et de mobiliers urbains publicitaires permettant l'affichage de plans ou d'informations municipales ; que ces mobiliers urbains étaient destinés à répondre aux besoins de la commune en matière d'information de ses habitants et de protection des usagers des transports en commun ; qu'en contrepartie des prestations ainsi assurées par la Société Jean-Claude Decaux, la commune l'a autorisée à exploiter, à titre exclusif, une partie du mobilier urbain à des fins publicitaires et l'a exonérée de redevance pour occupation du domaine public ; que la cour a pu juger, sans commettre d'erreur de droit, que l'autorisation et l'exonération ainsi accordées constituaient des avantages consentis à titre onéreux par la commune en contrepartie des prestations fournies par la société alors même que ces avantages ne se traduisent par aucune dépense effective pour la collectivité* ».

En considération de ces éléments, il pouvait en être déduit que le contrat ainsi conclu entrait dans le champ d'application du Code des marchés publics (*voir aussi, CAA Paris, 17 octobre 2012*).

De même, la réalisation d'un marché en contrepartie de la ***dispense d'une contribution fiscale*** donne au contrat un caractère onéreux qui peut suffire à justifier la qualification de marchés publics (*CJCE, 12 juillet 2001, Ordine degli Architetti delle province di Milano e Lodi*).

Enfin, les offres de concours consistant pour une personne privée ou publique à apporter gratuitement sa participation à l'exécution de travaux auxquels elle est intéressée ne sauraient en l'absence de contreparties juridiquement consacrées, emporter la qualification de marché public.

Si tous les marchés publics sont conclus à titre onéreux, le caractère onéreux ne suffit pas en soi à la qualification de marché public. La jurisprudence a déterminé les conditions de rémunération de la prestation permettant de distinguer les marchés publics des concessions (cf. *infra*).

c) Les acheteurs

La notion d'acheteur introduite dans l'ordonnance Marché vise à recouvrir celles de pouvoirs adjudicateurs et d'entité adjudicatrices auparavant dissociées. Appréhendé de manière extensive, le champ d'application organique du droit des marchés publics s'avère particulièrement large.

1) Notion extensive

Les pouvoirs adjudicateurs et entités adjudicatrices, synthétisées dans la figure de l'acheteur public sont des qualifications d'origine communautaire. Elles visent à définir toutes les personnes soumises aux directives « Marché ».

Suivant l'article 10 de l'ordonnance Marché, sont visés en tant que pouvoirs adjudicateurs :
« *1° Les personnes morales de droit public ;*
2° Les personnes morales de droit privé qui ont été créées pour satisfaire spécifiquement des besoins d'intérêt général ayant un caractère autre qu'industriel ou commercial, dont :
a) Soit l'activité est financée majoritairement par un pouvoir adjudicateur,
b) Soit la gestion est soumise à un contrôle par un pouvoir adjudicateur,
c) Soit l'organe d'administration, de direction ou de surveillance est composé de membres dont plus de la moitié sont désignés par un pouvoir adjudicateur ;
3° Les organismes de droit privé dotés de la personnalité juridique constitués par des pouvoirs adjudicateurs en vue de réaliser certaines activités en commun. »

Par cette définition, l'ordonnance inclut dans son champ d'application des personnes morales publiques ou privées qui relevaient antérieurement du champ d'application de l'ordonnance du 6 juin 2005.

Suivant l'article 11 de l'ordonnance Marché, constituent des entités adjudicatrices :

« *1° Les pouvoirs adjudicateurs qui exercent une des activités d'opérateur de réseaux définies à l'article 12.*
2° Lorsqu'elles ne sont pas des pouvoirs adjudicateurs, les entreprises publiques qui exercent une des activités d'opérateur de réseaux définies à l'article 12. Suivant ces définitions, constitue une entreprise publique tout organisme doté de la personnalité juridique qui exerce des activités de production ou de commercialisation de biens ou de services marchands et sur lequel un ou plusieurs pouvoirs adjudicateurs exercent, directement ou indirectement, une influence dominante en raison de la propriété, de la participation financière ou des règles qui la régissent. L'influence des pouvoirs adjudicateurs est réputée dominante lorsque ceux-ci, directement ou indirectement, détiennent la majorité du capital, disposent de la majorité des droits de vote ou peuvent désigner plus de la moitié des membres de l'organe d'administration, de direction ou de surveillance.
3° Lorsqu'ils ne sont pas des pouvoirs adjudicateurs ou des entreprises publiques, les organismes de droit privé qui bénéficient, en vertu d'une disposition légalement prise, de droits spéciaux ou exclusifs ayant pour effet de leur réserver l'exercice d'une des activités d'opérateur de réseaux définies à l'article 12 et d'affecter substantiellement la capacité des autres opérateurs économiques à exercer cette activité. »

L'article 12 qui définit la notion d'opérateur de réseau, établit une liste d'activité en relevant et une liste d'exception. Schématiquement, y figurent les services de gaz ou de chaleur, d'électricité, d'eau potable, des eaux usées, d'eau potable, de pétrole et de gaz, de transports portuaires et aéroportuaires, de transport par chemin de fer, tramway... et de services postaux.

Outre les acheteurs visés par l'ordonnance Marché, sont assujetties les personnes privées subventionnées qui sous certaines conditions, sont soumises à l'ordonnance. Ainsi, les contrats passés par des personnes de droit privé qui ne sont pas des acheteurs mentionnés à l'article 9 et qui sont subventionnés directement à plus de 50 % par un pouvoir adjudicateur sont soumis aux dispositions de la présente ordonnance applicables aux pouvoirs adjudicateurs, à l'exception des articles 59 à 64, lorsque les conditions suivantes sont réunies :
« *1° La valeur estimée hors taxe du besoin est égale ou supérieure aux seuils européens.*
2° L'objet du contrat correspond à l'une des activités suivantes :
a) Des activités de génie civil figurant sur la liste mentionnée au 1° du I de l'article 5 ;
b) Des travaux de construction relatifs aux hôpitaux, aux équipements sportifs, récréatifs et de loisirs, aux bâtiments scolaires et universitaires ainsi qu'aux bâtiments à usage administratif ;
c) Des prestations de services liés aux travaux mentionnés au présent article. »

Cette disposition qui ajoute une troisième catégorie d'acheteur, emporte de lourdes conséquences notamment pour les associations généralement subventionnées qui auparavant relevaient exclusivement du droit des contrats civils et commerciaux. Désormais, celles-ci devront sous le contrôle du ou des pouvoirs adjudicateurs qui les subventionnent, passer des marchés lorsque les pouvoirs adjudicateurs qui fournissent les subventions n'attribuent pas eux-mêmes les marchés subventionnés ou lorsqu'ils ne les attribuent pas au nom et pour leur compte.

En transposant la directive Marché, les pouvoirs publics français ont vainement cherché à réduire le champ d'application de l'article 13 de la directive en passant du pluriel au singulier la provenance des fonds. Ainsi, suivant la directive, y sont assujetties, les associations dont les contrats seront financés à plus de 50 % par des pouvoirs adjudicateurs et non par un seul pouvoir adjudicateur comme en dispose l'article 21 de l'ordonnance Marché.

2) Les groupements d'acheteurs

Afin de faire des économies d'échelle et limiter les procédures de mise en concurrence, les pouvoirs adjudicateurs ont la capacité de s'organiser pour grouper leurs commandes. Deux moyens sont prévus : le groupement de commandes et le recours aux centrales d'achat.

3) Groupements de commandes

Des groupements de commandes peuvent être constitués entre des acheteurs afin de passer conjointement un ou plusieurs marchés publics (art. 28, Ord. Marché). Sous cette forme, le groupement de commande est désormais plus abouti en ce qu'il ne s'agit plus d'un groupement dont la vocation est la mutualisation des formalités procédurales s'achevant par la signature d'autant de contrats que de membres, mais bien lorsqu'il en est décidé ainsi, de la passation et de l'exécution d'un seul marché passé par le groupement. Il en ressort, le cas échéant, que la convention constitutive du groupement, signée par ses membres et définissant les règles de fonctionnement du groupement, peut confier à l'un ou plusieurs de ses membres la charge de mener tout ou partie de la procédure de passation ou de l'exécution du marché public au nom et pour le compte des autres membres. Le cas échéant, tous les acheteurs concernés sont solidairement responsables de l'exécution des obligations qui leur incombent.

Un groupement de commandes peut également être constitué, aux mêmes fins, entre un ou plusieurs acheteurs et une ou plusieurs personnes morales de droit privé qui ne sont pas des acheteurs soumis à la présente ordonnance, à condition que chacun des membres du groupement applique, pour les achats réalisés dans le cadre du groupement, les règles prévues par l'ordonnance.

4) Centrales d'achat

Alors que dans certains États membres (Danemark, L'Estonie, la Grèce, la Lettonie, la Suède, le Royaume-Uni, l'Islande et la Norvège) plus de 10 % de tous les contrats sont attribués par des pouvoirs adjudicateurs pour le compte d'autres autorités, le recours aux centrales d'achats constitue un enjeu majeur de la commande publique et en France notamment pour l'Union des groupements d'achats publics (UGAP). Suivant l'article 26 de l'ordonnance Marché, la centrale d'achat est un acheteur soumis à l'ordonnance, qui a pour objet d'exercer des activités d'achat centralisées destinés à des acheteurs. Cette vocation peut se traduire par deux formes d'intervention :

- soit en tant que grossiste, la centrale acquiert des fournitures ou des services destinés à des acheteurs ;
- soit en tant qu'intermédiaire, pour la passation des marchés publics de travaux, de fournitures ou de services destinés à des acheteurs.

En outre, les acheteurs qui recourent à une centrale d'achat pour une activité d'achats centralisés peuvent également lui confier, sans appliquer les procédures de passation prévues par l'ordonnance, des activités d'achat auxiliaires qui consistent à fournir une assistance à la passation des marchés publics par la mise à disposition d'infrastructures techniques permettant aux acheteurs de conclure des marchés publics de travaux, de fournitures ou de services, soit par des conseils sur le déroulement ou la conception des procédures de passation de marchés publics, soit enfin, par la préparation et gestion des procédures de passation de marchés publics au nom de l'acheteur concerné et pour son compte.

d) Les opérateurs économiques

La notion d'opérateurs économiques procède du droit de l'Union. Les opérateurs économiques sont les entités, quels que soient leur statut juridique et leur mode de financement, qui exerce une activité économique. Ils peuvent se porter candidats à la passation d'un marché public dont ils assureront l'exécution s'il leur est attribué. Cet opérateur peut être privé ou public.

Cette dernière hypothèse permet à des ***personnes publiques*** de proposer leur candidature pour réaliser des prestations faisant l'objet d'un marché public passé par une autre personne (une commune ayant une cuisine centrale qui proposerait sa candidature à l'attribution d'un marché de restauration scolaire, passé par une autre collectivité). Sa candidature est recevable dès lors que cet opérateur pourra justifier que le prix proposé a été déterminé en prenant en compte l'ensemble des coûts directs et indirects concourant à la formation du prix de la prestation, objet du contrat, et qu'elle n'a pas bénéficié, pour déterminer le prix proposé, d'un avantage découlant des ressources ou des moyens qui lui sont attribués au titre de sa mission de service public.

Aucun texte ni aucun principe n'interdisent, en raison de sa nature, à une personne publique de se porter candidate à l'attribution d'un marché public ou d'un contrat de délégation de service public. Aussi, la personne qui envisage de conclure un contrat dont la passation est soumise à des obligations de publicité et de mise en concurrence, ne peut refuser par principe d'admettre à concourir une personne publique (*CE, avis, 8 novembre 2000, Société Jean-Louis Bernard consultants*).

Les compétences dont disposent les collectivités territoriales ou les établissements publics de coopération intercommunale (EPCI) s'exercent, hormis celles qui lui sont confiées pour le compte de l'État, en vue de satisfaire un intérêt public local. Si aucun principe ni aucun texte ne fait obstacle à ce que ces collectivités ou ces EPCI se portent candidats à l'attribution d'un contrat de commande publique pour répondre aux besoins d'une autre personne publique, ils ne peuvent légalement présenter une telle candidature que si elle constitue le prolongement d'une mission de service public dont la collectivité ou l'établissement public de coopération a la charge, dans le but notamment d'amortir des équipements, de valoriser les moyens dont dispose le service ou d'assurer son équilibre financier, et sous réserve qu'elle ne compromette pas l'exercice de cette mission. Dès lors, Une fois admise dans son principe, cette candidature ne doit pas fausser les conditions de la concurrence. En particulier, le prix proposé par la collectivité territoriale ou l'établissement public de coopération doit être déterminé en prenant en compte l'ensemble des coûts directs et indirects concourant à sa formation, sans que la collectivité publique bénéficie, pour le déterminer, d'un avantage découlant des ressources ou des moyens qui lui sont attribués au titre de ses missions de service public et à condition qu'elle puisse, si nécessaire, en justifier par ses documents comptables ou tout autre moyen d'information approprié (*CE, ass., 30 déc. 2014, n° 355563, Sté Armor SNC ; CJUE, 18 déc. 2014, aff. C-568/13, Azienda Ospedaleri-Universitaria Careggi-Firenze c/Data medical Service Srl*).

Dès lors, l'atteinte à la libre concurrence est manifeste lorsqu'un SDIS dont les tableaux synthétisant ses recettes et ses charges indiquent que 96 % de ses dépenses sont couvertes par les contributions du département, des communes et des établissements publics. La cour administrative d'appel de Bordeaux n'a en l'espèce aucune difficulté à déduire que les prix figurant sur les actes d'engagement des offres du SDIS étaient inférieurs au coût réel des prestations (*CAA Bordeaux, 1er mars 2012, Centre hospitalier de Bigorre et autres*). Néanmoins, l'analyse n'est que rarement aussi évidente.

■ *Les exclusions*

Tous les marchés entrant dans le champ d'application de l'article 4 de l'ordonnance Marché sont en principe des marchés publics. Néanmoins, bien qu'entrant dans cette définition, certains marchés ne peuvent être soumis pour des raisons matérielles ou juridiques à des procédures de mise en concurrence. Auparavant synthétisées dans un seul et même article, les exclusions sont désormais disséminées dans l'ensemble de l'ordonnance opérant une distinction entre les contrats qui bien qu'ayant les mêmes caractères qu'un marché n'en sont pas et ceux qui sont bien des marchés mais ne sont pas soumis à l'ordonnance. On déduira de cette dichotomie qu'elle appelle à produire des effets juridiques relatifs à la nature administrative ou privée du contrat.

a) Les contrats hors notion

Suivant l'article 7 de l'ordonnance Marché, ne sont pas des marchés publics :
« *1° Les transferts de compétences ou de responsabilités entre acheteurs soumis à l'ordonnance en vue de l'exercice de missions d'intérêt général sans rémunération de prestations contractuelles ;*
2° Les subventions au sens de l'article 9-1 de la loi du 12 avril 2000 susvisée ;
3° Les contrats de travail. »

1) Les conventions de transfert de compétences

L'exclusion des conventions de transfert de compétences ou de responsabilités pour un motif d'intérêt général vise à exclure du champ d'application de la commande publique tous les phénomènes de décentralisation et de décentration.

2) Les conventions de subventionnement

Les marchés publics ne doivent pas être confondus avec des subventions (*CE, sect., 6 avril 2007, Commune d'Aix-en-Provence*). La tentation peut parfois être forte pour des collectivités publiques de rétribuer sous la forme de subventions des organismes, généralement des associations, qui prendraient à leur charge la réalisation d'opérations ou de prestations.

Les subventions, qui sont obligatoirement attribuées sous la forme de conventions lorsque la somme dépasse 23 000 euros (art. 10, L. du 12 avril 2000 relative à la transparence financière des aides octroyées par les personnes publiques), ne sont pas des marchés publics :

- lorsqu'elles répondent à une ***mission d'intérêt général*** dans le cadre des compétences de la collectivité qui l'octroie (*CAA Marseille, 20 juillet 1999, Comité des fêtes de la Ville de Toulon*). Tel n'est pas le cas lorsque le Conseil général de l'Oise a décidé l'attribution à une association d'une subvention de 150 000 francs pour le financement de travaux d'aménagement et d'embellissement du village de Colombey-les-Deux-Églises en ce que la décision d'allouer une telle subvention a pour objet la restauration du village de Colombey-les-Deux-Églises situé en Haute-Marne et qu'« *en l'absence, entre le département de l'Oise et la commune de Colombey-les-Deux-Églises, d'un lien particulier qui serait de nature à justifier la participation de ce département à une telle opération, celle-ci ne saurait être regardée comme relevant d'un intérêt départemental pour le département de l'Oise* » (*CE, 16 juin 1997, Département de l'Oise*). Tel n'est pas non plus le cas lorsque les subventions sont allouées pour des motifs politiques (*CE, 19 novembre 1990, Commune de Blénod-les-ponts-mousson*). De même, les subventions allouées à des syndicats sont illégales, sauf s'il ressort que sont ainsi financées diverses actions de caractère social correspondant à des préoccupations d'intérêt local jugées prioritaires par la commune et bénéficiant au public local, comme l'élaboration de projets de formation professionnelle, la tenue de permanences d'information ou l'activité de conseil juridique en droit social et droit du travail (*CE, 4 avril 2005, Commune d'Argentan*). À cette occasion, une collectivité publique ne peut légalement se décharger globalement sur une personne de droit privé de ses compétences (*CE, 27 mars 1995, Chambre d'agriculture des Alpes-Maritimes*) ;
- lorsque le projet auquel sont destinées les subventions, est ***initié*** et ***mené*** par un tiers (*CAA Marseille, 20 juillet 1999, Comité des fêtes de la Ville de Toulon*) qui dispose d'une ***autonomie réelle*** qui peut être déduite de la provenance de ses financements, du contrôle qu'exerce la ou les collectivités publiques sur lui et de sa composition (*CE, 26 janvier 1990, Woerth*) ;
- lorsqu'elle n'est pas la ***contrepartie directe*** de la réalisation d'une prestation. Ainsi, « les contributions, fixées globalement par les communes du Choletais en fonction des perspectives générales d'action du Comité pour le développement industriel et agricole du Choletais, ne correspondaient pas à des prestations de services individualisées au profit de la ville et de la chambre de commerce et d'industrie de Cholet et étaient donc sans relation nécessaire avec les avantages immédiats que la collectivité locale et l'établissement public pouvaient retirer des actions du comité ; que, dès lors, et en l'absence d'un lien direct entre le montant des

contributions versées au comité et les opérations réalisées par lui, ce dernier ne peut être regardé comme ayant effectué de façon générale des prestations de services à titre onéreux » (*CE, 6 juillet 1990, Comité pour le développement industriel et agricole du Choletais*).

Ces conditions sont ***cumulatives***.

3) Les contrats de travail

En qu'il suppose un lien de subordination, les contrats de travail ne peuvent être confondus avec un marché public. La confusion pourrait néanmoins se faire jour dans l'hypothèse où un acheteur passe un marché avec un opérateur économique en entreprise individuelle.

b) Les contrats hors régime

Les contrats hors régime qui consistent à recevoir la qualification de marché sans être soumis aux dispositions de l'ordonnance sont listés dans les articles 14 à 20 de l'ordonnance Marché. Seules certaines exclusions retiendront notre attention.

1) Les marchés de services conclus avec les acheteurs bénéficiant de droits exclusifs

Lorsqu'un acheteur bénéficie, sur le fondement d'une disposition légalement prise, d'un droit exclusif, compatible avec le Traité instituant la Communauté européenne, les prestations qu'il exécute ne sont pas soumises aux obligations de publicité et de mise en concurrence prévue par l'ordonnance.

Pour être admis, un droit exclusif doit être nécessaire et proportionné à l'exercice d'une mission d'intérêt général confiée au contractant. Lorsque sont en cause des services d'intérêt économique général (SIEG), c'est-à-dire des « *activités de service marchand remplissant des missions d'intérêt général et soumises, de ce fait, par les États membres à des obligations spécifiques de service public* », le droit exclusif est justifié si, en son absence, son bénéficiaire ne serait pas en mesure d'accomplir la mission particulière qui lui a été confiée (la SNCF pour le transport de voyageurs).

Par ailleurs, conformément à l'article 106 du TFUE, le droit exclusif ne peut être accordé qu'à un organisme déterminé pour l'accomplissement d'une mission de SIEG justifiant l'exclusion ou la restriction de concurrence sur les marchés de services en question.

Dans les autres cas, la dérogation à l'application des règles de libre concurrence, de libre prestation de services, de liberté d'établissement et de libre circulation des marchandises édictées par le traité sur le fonctionnement de l'Union européenne (TFUE) doit être justifiée par une nécessité impérieuse d'intérêt général et à la double condition que les restrictions à ces règles soient propres à garantir l'objectif qu'elles visent et qu'elles n'aillent pas au-delà de ce qui est nécessaire pour l'atteindre.

Enfin, si le droit exclusif peut conférer à son bénéficiaire une position dominante sur le marché, au sens de l'article 102 du TFUE et de l'article L. 420-2 du Code de commerce, il ne doit pas le conduire à abuser de cette position dominante.

Cette hypothèse rejoint l'hypothèse de l'activité des opérateurs de réseaux qui ne se déploie pas sur un marché concurrentiel, de l'exclusion prévu au 6° de l'article 14 suivant lequel ne sont pas soumis à l'ordonnance les marchés publics de services relatifs au transport de voyageurs par chemin de fer ou par métro

2) Achat de biens immobiliers

Sont exclus du champ d'application de l'ordonnance Marché, les marchés de services qui ont pour objet l'acquisition ou la location, quelles qu'en soient les modalités financières, de terrains, de bâtiments existants ou d'autres biens immeubles, ou qui concernent d'autres droits sur ces biens.

Cette hypothèse permet d'exclure du champ d'application de l'ordonnance Marché les ventes en l'état futur d'achèvement. Cependant, les collectivités « *ne sauraient légalement avoir recours à ce contrat de vente de droit privé, dans lequel l'acheteur n'exerce aucune des responsabilités du maître de l'ouvrage et qui échappe tant aux règles de passation, notamment aux règles de concurrence, prévues par le Code des marchés, qu'au régime d'exécution des marchés de travaux publics, lorsque, comme en l'espèce, l'objet de l'opération est la construction même pour le compte de la collectivité d'un immeuble entièrement destiné à devenir sa propriété et conçu en fonction de ses besoins propres* » (*CE, sect., 8 févr. 1991, Région Midi-Pyrénées c/Syndicat de l'architecture de la Haute-Garonne et autres*).

En outre, le contrat de promesse de location issu de la proposition de réalisation d'un bâtiment en vue de sa location qui résultait de la transformation d'une opération de construction d'une cité judiciaire du fait de la suppression des financements prévus initialement pour cette opération, est qualifié de marché public, dès lors que le fait que le bâtiment n'étant pas construit au moment où était conclu l'engagement, sa construction résultait d'une part, de cet engagement lui-même et d'autre part, du fait que l'ouvrage répondait à des besoins précisés par le pouvoir adjudicateur. L'objet principal du contrat n'est pas la location, mais bien la réalisation de l'ouvrage que présuppose la mise en location ultérieure de cet ouvrage à construire répondant à des besoins précisés par une personne publique. Il relève ainsi de la qualification de marché public de travaux au sens des directives européennes sur les marchés publics (*CJUE, 10 juill. 2014, aff. C-213/13, Impresa Pizzarotti & C. SpA c/Cne Bari et a.).*

Par conséquent, nonobstant la qualification donnée par les parties, un contrat conclu portant sur l'achat d'un téléski déjà installé et constitutif d'un immeuble ne comporte la réalisation d'aucun travail public, ni la fourniture d'aucun bien mobilier, même assortie de son installation ou de sa mise au point. Par conséquent, il doit donc être regardé, non comme un marché public, mais comme un contrat de vente immobilière portant sur l'acquisition, par la collectivité, d'un bien lié directement à l'exécution du service public d'exploitation du domaine skiable. Il est, par son objet, un contrat administratif dont il appartient à la juridiction administrative d'apprécier la régularité.

Par ailleurs, une cession de terrain n'est soumise à aucune obligation de publicité et de mise en concurrence, même si des travaux accessoires sont prévus alors même que la vente pour un montant de 1 929 200 euros de parcelles appartenant au domaine privé de la commune en vue de la réalisation par la société acquéreur d'un centre commercial était conditionnée au profit indirect de la commune à la création d'une voirie nouvelle permettant de relier un carrefour giratoire existant ainsi qu'à la prise en charge de la réalisation d'un nouveau carrefour giratoire pour un coût évalué respectivement à 800 000 euros et 1 200 000 euros et (*CAA de Douai, 25 octobre 2012, Société immobilière Carrefour*).

3) Contrats d'emprunts

Les contrats d'emprunt constituent les contrats les plus importants et les plus couramment passés entre les collectivités publiques, notamment les collectivités territoriales, et les organismes bancaires. Ceux-ci, efficacement organisés, ont obtenu alors qu'ils étaient soumis aux obligations imposées par les directives « marché » des années 1992 et 1993, que les contrats d'emprunt continuent de figurer au nombre des exclusions du Code des marchés publics.

Cependant, le Conseil d'État avait annulé les dispositions du Code des marchés publics dont le sens portait à exclure les contrats d'emprunt de son champ d'application « *considérant qu'il résulte de l'article 3 du Code des marchés publics que peut ne pas être précédée d'une procédure de publicité et de mise en concurrence la passation des marchés portant sur l'émission, l'achat, la vente et le transfert d'instruments financiers qui, prenant ou non la forme d'un titre, sont négociables sur un marché financier ; qu'en revanche les contrats par lesquels une des personnes mentionnées à l'article 2 du Code a recours à un emprunt ou se fait ouvrir une ligne de trésorerie auprès d'un établissement financier, ne sont pas négociables sur un tel marché et n'entrent dès lors pas dans le champ de l'exception définie par les dispositions précitées de la directive* » (*CE, 23 février 2005, Association pour la transparence et la moralité des marchés publics*).

En dépit de cette décision, le décret du 27 mai 2005 a modifié le 5° de l'article 3 dont la rédaction a été conservée depuis en l'état dans le Code des marchés publics en vigueur de telle sorte que les contrats d'emprunt restent exclus des obligations de passation des marchés publics. Depuis lors, les marchés publics de services qui sont des contrats d'emprunt, qu'ils soient ou non liés à l'émission, à la vente, à l'achat ou au transfert de valeurs mobilières ou d'autres instruments financiers sont exclus du champ de l'ordonnance Marché.

On ne peut que déplorer cette exception dont on peut considérer qu'elle aurait peut-être permis d'éviter que près de 6 000 collectivités territoriales et établissements publics souscrivent des contrats dits « toxiques » consistant notamment dans des emprunts à taux variable indexé sur le delta entre l'euro et le franc suisse par exemple. S'il ne faut pas attendre de l'obligation de mise en concurrence l'émergence mécanique de contrats économiquement avantageux pour l'administration, il faut néanmoins souligner qu'elle oblige les pouvoirs adjudicateurs à se saisir de la définition de leur besoin et à le formaliser dans un cahier des charges. On pourrait ainsi espérer qu'ils développent une attitude critique à l'égard des risques financiers qu'emporte la rédaction de clauses à taux variables, indexés sur des indices aux évolutions imprévisibles, sans que les taux soient capés et conditionnant le remboursement anticipé au paiement d'indemnités, parfois exorbitantes.

4) La quasi-régie

Avec les directives Marchés, les marchés « *in house* » sont devenus les contrats de quasi-régie lorsqu'ils mettent en présence un pouvoir adjudicateur (art. 18, Ord. Marché), et des marchés avec des entreprises liées en présence d'une entité adjudicatrice (article 20, Ord. Marché), afin d'exclure l'application des directives Marché aux hypothèses dans lesquelles la prestation serait réalisée en interne à l'administration quand bien même la réalisation de la prestation se ferait entre deux personnes morales (*CJCE, 18 novembre 1999, Teckal*). Suivant cette qualification, la directive a traduit la jurisprudence dans son texte en la synthétisant en trois conditions. En premier lieu, le pouvoir adjudicateur ou l'entité adjudicatrice exerce sur la personne morale concernée un contrôle analogue à celui qu'il exerce sur ses propres services. Cette condition est considérée comme satisfaite lorsque le pouvoir adjudicateur exerce une influence décisive à la fois sur les objectifs stratégiques et sur les décisions importantes de la personne morale contrôlée. Ce contrôle peut également être exercé par une autre personne morale, qui est elle-même contrôlée de la même manière par le pouvoir adjudicateur.

La CJUE a jugé que « *la circonstance que le pouvoir adjudicateur détient, seul ou ensemble avec d'autres pouvoirs publics, la totalité du capital d'une société adjudicataire tend à indiquer, sans être décisive, que ce pouvoir adjudicateur exerce sur cette société un contrôle analogue à celui qu'il exerce sur ses propres services* » (*CJCE, 11 mai 2006, Carbotermo SpA*).

La Cour a précisé que « *dans le cas où une autorité publique s'affilie à une société coopérative intercommunale dont tous les affiliés sont des autorités publiques, en vue de lui transférer la gestion d'un service public, le contrôle que les autorités affiliées à cette société exercent sur celle-ci, pour être qualifié d'analogue au contrôle qu'elles exercent sur leurs propres services, peut être exercé conjointement par ces autorités, statuant, le cas échéant, à la majorité* » (*CJCE, 13 novembre 2008, Coditel Brabant SA*). Le pouvoir adjudicateur doit avoir une influence déterminante sur toutes ses décisions essentielles et ses objectifs stratégiques, en désignant par exemple plus de la moitié des membres de l'organe d'administration ou de direction de l'entreprise (*CJCE, 19 avril 2007, ASEMFO*).

En revanche, un simple contrôle de tutelle est insuffisant pour considérer que le cocontractant est privé de son autonomie (*CE, 27 juillet 2001, CAMIF*). L'absence de mise en concurrence par principe des sociétés d'économie mixte ne manquerait pas d'emporter un risque d'annulation (*CJCE, 11 janvier 2005, Stadt Halle*).

À cet égard, la loi du 13 juillet 2006 créant les sociétés publiques locales d'aménagement et celle du 28 mai 2010 pour le développement des sociétés publiques locales ont permis de contourner cet obstacle dans la mesure où il est, dans la définition même de ces entités, de créer une société sur laquelle la personne publique exerce un contrôle comparable à celui qu'elle exerce sur ses propres services et qui réalise l'essentiel de ses activités pour elles ou, le cas échéant, les autres personnes publiques qui contrôlent la société, à condition que l'activité déléguée figure expressément dans les statuts de l'établissement ou de la société.

Cependant, ces dispositifs ont permis la constitution de sociétés publiques locales accueillant un nombre important de collectivités publiques actionnaires, jusqu'à plusieurs centaines, dont la vocation était la satisfaction des besoins de ses membres sans appliquer le Code des marchés publics.

Aussi, la CJUE a-t-elle rappelé que lorsque plusieurs autorités publiques, en leur qualité de pouvoir adjudicateur, établissent en commun une entité chargée d'accomplir leur mission de service public ou lorsqu'une autorité publique adhère à une telle entité, la condition établie par la jurisprudence de la CJUE est remplie lorsque chacune de ces autorités participe tant au capital qu'aux organes de direction de ladite entité (*CJUE, 29 nov. 2012, Econord SpA, aff. C-182/11*). Selon cette jurisprudence, les autorités, afin d'être dispensées de leur obligation d'engager une procédure de passation de marchés publics selon les règles du droit de l'Union, doivent exercer conjointement sur cette entité un contrôle analogue à celui qu'elles exercent sur leurs propres services.

Dès lors, une commune, qui ne détient que 1,076 % du capital d'une SPLA, ne saurait s'exonérer de l'application du Code des marchés publics s'agissant des relations contractuelles qu'elle entretient avec la société publique locale dont elle est actionnaire sur le fondement de l'exclusion des marchés « *in house* » en ce que cette faible participation ne lui donne aucune représentation propre au sein du conseil d'administration (*CE, 6 novembre 2013, Commune de Marsannay-la-Côte*).

Il ressort de l'ordonnance Marché que, si le contrôle conjoint permet de qualifier « l'analogie du contrôle », faut-il encore que les organes décisionnels de la personne morale contrôlée soient composés de représentants de tous les pouvoirs adjudicateurs participants, une même personne pouvant représenter plusieurs pouvoirs adjudicateurs participants ou l'ensemble d'entre eux, que les pouvoirs adjudicateurs soient en mesure d'exercer conjointement une influence décisive sur les objectifs stratégiques et les décisions importantes de la personne morale contrôlée et que la personne morale contrôlée ne poursuive pas d'intérêts contraires à ceux des pouvoirs adjudicateurs qui la contrôlent.

S'agissant des entités adjudicatrice, constituent des entreprises liées, les entreprises dont les comptes annuels sont consolidés avec ceux de l'entité adjudicatrice, celles qui sont susceptibles d'être, directement ou indirectement, soumises à l'influence dominante de l'entité adjudicatrice, celles qui sont susceptibles d'exercer une influence dominante sur l'entité adjudicatrice et celles qui sont soumises à l'influence dominante d'une entreprise exerçant elle-même une telle influence dominante sur l'entité adjudicatrice.

En second lieu, à la notion d'activité principale, la directive a substitué la valeur de plus de 80 % suivant la proportion de son activité que la personne morale contrôlée assure dans le cadre des tâches qui lui sont confiées.

Enfin, la personne morale contrôlée ne doit pas comporter de participation directe de capitaux privés, à l'exception des formes de participation de capitaux privés sans capacité de contrôle ou de blocage requises par la loi qui ne permettent pas d'exercer une influence décisive sur la personne morale contrôlée. Cette précision permet d'admettre la participation de capitaux privés exclusivement dans le cadre d'une SEM dans la mesure où il s'agit de la seule hypothèse dans laquelle le droit français impose une participation obligatoire de capitaux privés pour constituer valablement de telles sociétés.

5) La coopération public-public

Cette hypothèse renvoie à la jurisprudence de la CJUE par laquelle celle-ci a considéré que ne relevait pas des directives européennes, le contrat conclu pour la construction et l'exploitation futures d'une installation destinée à l'accomplissement d'un service public de valorisation thermique des déchets entre plusieurs collectivités territoriales (*C-480/06, 9 juin 2009, Commission des Communautés européennes contre République fédérale d'Allemagne*). La cour a jugé que ce contrat n'était pas soumis aux directives « Marché » que pour autant qu'il n'a été conclu que par des autorités publiques, sans la participation d'une partie privée, et qu'il ne prévoit ni ne préjuge la passation des marchés éventuellement nécessaires pour la construction et l'exploitation de l'installation de traitement des déchets.

Le Conseil d'État a confirmé cette jurisprudence européenne (*Ord., 3 février 2012, Commune de Veyrier-du-Lac et Communauté d'agglomération d'Annecy*), s'agissant d'une convention entre une commune et une communauté d'agglomération confiant l'exploitation du service public de distribution d'eau potable sur le territoire de la commune, conformément aux articles L. 5221-1 et L. 5221-2 du Code général des collectivités territoriales (CGCT). Le Conseil d'État rappelant que peut être constituée une « *entente sur les objets d'utilité communale ou intercommunale compris dans leurs attributions et qui intéressent à la fois leurs communes, leurs établissements publics de coopération intercommunale* » et que la convention constitutive pour exercer en coopération avec d'autres personnes publiques locales est possible « *notamment par la mutualisation de moyens dédiés à l'exploitation d'un service public, à la condition que cette entente ne permette pas une intervention à des fins lucratives de l'une de ces personnes publiques, agissant tel un opérateur sur un marché concurrentiel* ».

6) Exclusions diverses

Sont exclus :

- les ***marchés publics de services relatifs à la recherche et développement*** pour lesquels l'acheteur n'acquiert pas la propriété exclusive des résultats ou ne finance pas entièrement la prestation et ceux regroupant l'ensemble des activités relevant de la recherche fondamentale, de la recherche appliquée et du développement expérimental (art. 14 4°, Ord. marché) ;
- les ***marchés publics de services relatifs à l'arbitrage et à la conciliation*** (art. 14 5°, Ord. marché) et les ***marchés publics de services juridiques relatifs aux services de certification et d'authentification*** de documents qui doivent être assurés par des notaires, aux services fournis par des administrateurs, tuteurs ou prestataires de services désignés par une juridiction ou par la loi pour réaliser des tâches spécifiques sous le contrôle d'une juridiction et aux services qui sont liés, même occasionnellement, à l'exercice de la puissance publique (art. 14 10°, Ord. marché) ;
- ***divers contrats à caractère diplomatique*** ou relevant d'opération extérieures (art. 14 6°, 12°, 13° Ord. marché) ;
- les ***marchés publics de services financiers*** (art. 14 7°, Ord. marché) ;
- les ***marchés attribués à une organisation ou une association à but non lucratif en matière de services d'incendie et de secours, de protection civile, de sécurité nucléaire et ambulanciers,*** à l'exception de ceux ayant pour objet exclusif le transport de patients (art. 14 9°, Ord. marché) et ceux qui exigent le secret ou dont l'exécution doit s'accompagner de mesures particulières de sécurité conformément aux dispositions législatives ou réglementaires en vigueur ou pour lesquels la protection des intérêts essentiels de l'État l'exige, à condition que cette sécurité ou cette protection ne puisse pas être garantie par d'autres moyens (art. 14 11°, Ord. marché) ;
- les ***marchés publics de services de communication audiovisuelle*** (art. 14 14°, Ord. marché), de ***communications électroniques*** (art. 14 15°, Ord. marché), de ***services postaux*** (art. 14 16°, Ord. marché), d'exploration d'une aire géographique dans un but de prospection de pétrole ou

de gaz (art. 14 17°, Ord. marché) et les marchés publics passés pour l'exercice d'une activité d'opérateur de réseaux (art. 14 18°, Ord. marché).

Les accords-cadres

Suivant l'article 4 de l'ordonnance Marché, les accords-cadres sont les contrats conclus par un ou plusieurs acheteurs avec un ou plusieurs opérateurs économiques ayant pour objet d'établir les règles relatives aux bons de commande à émettre ou les termes régissant les marchés subséquents à passer au cours d'une période donnée, notamment en ce qui concerne les prix et, le cas échéant, les quantités envisagées.

Les marchés de partenariat

Les marchés de partenariat antérieurement dénommés contrat de partenariat sous l'empire de l'ordonnance du 17 juin 2004 sont, suivant l'article 67 de l'ordonnance Marché, des marchés publics qui permettent de confier à un opérateur économique ou à un groupement d'opérateurs économiques une mission globale. Ils sont l'application française du principe du partenariat public-privé (PPP) issu des techniques de *Private Finance Initiative* (PFI) et de *Built Operate Transfert* (BOT) provenant du droit anglo-américain et du droit international.

De cette manière, la construction et la gestion d'équipements sont confiées à des opérateurs privés qui en conservent la propriété et qui les mettent à disposition de l'administration contre redevance.

Le champ de la mission globale s'est modifié en réduisant les éléments indispensables à la qualification des marchés de partenariats, tout en ouvrant le champ des missions facultatives pouvant être prévues dans le marché.

Ainsi, la globalité est-elle réduite à la plus simple expression par l'association de deux types de missions ayant pour objet d'une part la construction, la transformation, la rénovation, le démantèlement ou la destruction d'ouvrages, d'équipements ou de biens immatériels nécessaires au service public ou à l'exercice d'une mission d'intérêt général et d'autre part tout ou partie de leur financement.

Ce qui était des parties intégrantes ou exclues du champ des contrats de partenariat, sont désormais prévues en tant que missions facultatives. Ainsi, la maîtrise d'ouvrage privée qui caractérise les marchés de partenariat, assurée par son titulaire, peut avoir pour objet, tout ou partie de la conception des ouvrages, équipements ou biens immatériels, l'aménagement, l'entretien, la maintenance, la gestion ou l'exploitation d'ouvrages, d'équipements ou de biens immatériels ou une combinaison de ces éléments la gestion d'une mission de service public ou des prestations de services concourant à l'exercice, par la personne publique, de la mission de service public dont elle est chargée.

Il en ressort que la maîtrise d'œuvre qui s'est à plusieurs reprises manifestée par l'introduction de recours contre l'attribution de contrat de partenariat, pourra être confiée séparément et non plus systématiquement absorbée dans une mission globale, même s'il paraît peu probable que la conception soit ainsi dissociée de la construction dans des marchés dont la vocation, telle qu'elle ressort de son champ d'application, est de résoudre notamment certaines difficultés propres aux montages contractuels de droit commun. Le cas échéant, lorsque l'acheteur ne confie au titulaire qu'une partie de la conception de l'ouvrage, il peut lui-même, par dérogation à la loi du 12 juillet 1985, faire appel à une équipe de maîtrise d'œuvre pour la partie de la conception qu'il assume.

Enfin, est remarquable l'absorption possible de la gestion du service public qui devait auparavant faire l'objet d'un contrat distinct.

Bien que les motifs financiers ne sauraient être admis comme justifiant le recours à ces marchés, en ce que le critère du paiement différé ne saurait à lui seul constituer un avantage, il est manifeste que l'intérêt pour ces montages contractuels a été suscité par les modalités de financements d'infrastructure, qui n'imposaient pas de mobiliser d'emblée des sommes importantes et notamment de recourir à l'emprunt. Si le recours aux marchés de partenariat continue de présenter l'avantage politique de ne pas traduire ces investissements en endettement, il apparaît néanmoins désormais nécessaire que l'acheteur réalise également une étude de soutenabilité budgétaire qui apprécie notamment les conséquences du contrat sur les finances publiques et la disponibilité des crédits.

Enfin, les conditions de recours aux marchés de partenariat se sont réduites pour se limiter à l'hypothèse du bilan cout-avantage qui figurait avec l'urgence et la complexité dans le champ d'application des contrats de partenariat. Ainsi, la procédure de passation d'un marché de partenariat ne peut être engagée que si l'acheteur démontre que, compte tenu des caractéristiques du projet envisagé, des exigences de service public ou de la mission d'intérêt général dont l'acheteur est chargé, ou des insuffisances et difficultés observées dans la réalisation de projets comparables, le recours à un tel contrat présente un bilan plus favorable, notamment sur le plan financier, que celui des autres modes de réalisation du projet.

Cependant, le décret Marché réserve les marchés de partenariat à des projets de grande ampleur puisqu'il impose un seuil financier pour y recourir. Ainsi, les acheteurs peuvent recourir au marché de partenariat, si le marché est supérieur à :

- 2 millions d'euros HT lorsque l'objet principal du marché de partenariat porte sur des biens immatériels, des systèmes d'information ou des équipements autres que des ouvrages ainsi que

lorsque le contrat comporte des objectifs chiffrés de performance énergétique et prévoit que la rémunération du titulaire tient compte de l'atteinte de ces objectifs ;
- 5 millions d'euros HT lorsque l'objet principal du marché de partenariat porte sur des ouvrages d'infrastructure de réseau ;
- 10 millions d'euros HT lorsque l'objet principal du marché de partenariat porte sur des prestations ou des ouvrages autres que des ouvrages d'infrastructure de réseau.

Ces seuils sont calculés en fonction de la valeur du marché de partenariat qui comprend la rémunération du titulaire versée par l'acheteur et le cas échéant, les revenus issus de l'exercice d'activités annexes ou de la valorisation du domaine et les éventuels concours publics.

2 Les concessions

La consécration formelle d'un droit de la commande publique procède pour l'essentiel de l'innovation majeure qu'a constituée l'adoption de la première directive concession alors même qu'il préexistait un régime juridique en France de passation des délégations de service public depuis la loi du 29 janvier 1993. Si à l'aune des régimes des concessions, les liens de parentés avec les marchés sont manifestes, l'apport de la directive concession réside dans l'effort de synthèse qu'il constitue en recouvrant sous une même qualification, différentes formes de concessions qui, outre la loi de 1993, avait donné lieu, à mesure de leur reconnaissance par le droit de l'Union, à l'adoption de textes spéciaux. Ainsi, désormais, relèvent de la catégorie des contrats de concession, les contrats conclus par écrit, par lesquels une ou plusieurs autorités concédantes soumises à la présente ordonnance confient l'exécution de travaux ou la gestion d'un service à un ou plusieurs opérateurs économiques, à qui est transféré un risque lié à l'exploitation de l'ouvrage ou du service, en contrepartie soit du droit d'exploiter l'ouvrage ou le service qui fait l'objet du contrat, soit de ce droit assorti d'un prix.

Cette définition constitue la racine de différentes formes de concession dans laquelle apparaissent les mêmes figures que dans un marché public et dont l'ordonnance Concession reprend les définitions respectives. Ainsi en est-il des notions d'autorités concédantes qui recouvrent celle d'acheteur et d'opérateurs économiques. Les modalités de financements constituent l'élément essentiel de distinction suivant lequel l'existence d'un risque significatif assumé par l'opérateur économique doit s'apprécier au regard de l'ensemble des stipulations du contrat s'agissant du mode de rémunération retenu, de l'importance des apports et subventions des collectivités publiques, du sort des biens non commercialisés en fin de contrat et des garanties consenties par la personne publique contractante.

La concession se décline ainsi en concessions de travaux et de services. Les concessions de travaux ont pour objet soit l'exécution, soit la conception et l'exécution de travaux, soit la réalisation, soit la conception et la réalisation, par quelque moyen que ce soit, d'un ouvrage répondant aux exigences fixées par l'autorité concédante. Dans cette hypothèse, constitue un ouvrage, le résultat d'un ensemble de travaux de bâtiment ou de génie civil destiné à remplir par lui-même une fonction économique ou technique.

À cette qualification s'ajoute la concession de service qui a pour objet la gestion d'un service. Ils peuvent consister à déléguer la gestion d'un service public. Le concessionnaire peut être chargé de construire un ouvrage ou d'acquérir des biens nécessaires au service

La part de risque transféré au concessionnaire implique une réelle exposition aux aléas du marché, de sorte que toute perte potentielle supportée par le concessionnaire ne doit pas être purement nominale ou négligeable. Le concessionnaire assume le risque d'exploitation lorsque, dans des conditions d'exploitation normales, il n'est pas assuré d'amortir les investissements ou les coûts qu'il a supportés, liés à l'exploitation de l'ouvrage ou du service.

Lorsqu'un contrat de concession porte sur des travaux et des services, il est un contrat de concession de travaux si son objet principal est de réaliser des travaux.

Comme pour les marchés publics, l'ordonnance Concession prévoit l'exclusion de son champ d'application des hypothèses relatives aux délégations ou transferts de compétences ou de responsabilités organisés entre autorités concédantes soumises à l'ordonnance en vue de l'exercice de missions d'intérêt général sans rémunération de prestations contractuelles et aux subventions au sens de l'article 9-1 de la loi du 12 avril 2000 mais aussi l'ensemble des hypothèses prévues aux articles 14 à 19 de l'Ordonnance et ne diffèrent pas de celles exposées dans l'ordonnance Marché.

La définition contractuelle du besoin

Chapitre 2

La définition préalable du besoin est tout d'abord administrative. Elle consiste à recenser les besoins de l'administration en prospectant l'information auprès des services et en tirant les conclusions de l'exécution des marchés précédents. Une fois l'inventaire effectué, la définition préalable du besoin est appréhendée juridiquement par le droit des marchés publics. Elle consiste à préparer la passation du contrat en traduisant la définition administrative du besoin en termes contractuels.

Suivant l'article 4 du décret du 25 mars 2016, l'acheteur peut effectuer des consultations ou réaliser des études de marché, solliciter des avis ou informer les opérateurs économiques de son projet et de ses exigences. Les résultats de ces études et échanges préalables peuvent être utilisés par l'acheteur, à condition qu'ils n'aient pas pour effet de fausser la concurrence et n'entraînent pas une violation des principes de liberté d'accès à la commande publique, d'égalité de traitement des candidats et de transparence des procédures. L'acheteur prend les mesures appropriées pour que la concurrence ne soit pas faussée par la participation à la procédure de passation du marché public d'un opérateur économique qui aurait eu accès, du fait de sa participation préalable directe ou indirecte à la préparation de cette procédure, à des informations ignorées des autres candidats ou soumissionnaires. Cet opérateur n'est exclu de la procédure de passation que lorsqu'il ne peut être remédié à cette situation par d'autres moyens.

1 Pièces constitutives du marché

L'identification des pièces constitutives de la commande publique permet de savoir ce que sont les documents qui formalisent l'accord de volonté. Le juge administratif accorde une attention particulière à la hiérarchie des normes telle qu'elle ressort du classement opéré par le commanditaire dans les visas pour résoudre d'éventuelles contradictions entre les pièces constitutives du contrat.

L'accord de volonté procède de la réunion à l'issue de la procédure, de la demande telle qu'elle est formalisée par l'acheteur et d'une offre telle qu'elle procède de la proposition du candidat. Ce formalisme procède d'une obligation de rédaction du contrat sous forme écrite dès 25 000 euros HT dans les marchés publics.

La demande est formalisée dans des cahiers des charges.

Si l'offre était auparavant identifiée sous la forme de l'acte d'engagement, ce document n'apparaît plus dans la lettre du droit des marchés publics.

Aucune autre pièce ne peut faire office de contrat en lieu et place de ces documents. Par ailleurs, la liste et l'ordre des documents contractuels figurant dans le cahier des charges imposent une hiérarchie entre ces documents pour déterminer lequel prime sur les autres en cas de contradictions (*CE, 12 janvier 2011, Société Léon Grosse*).

Le cahier des charges est le document dans lequel l'administration définit les obligations minimales qu'elle met à la charge de l'opérateur économique auquel le marché sera attribué. Ces charges sont généralement déterminées selon une double nature : les charges administratives et les charges techniques. Suivant cette distinction, les cahiers des charges sont au nombre de deux : le cahier des charges administratives et les cahiers des clauses techniques.

Dans les marchés publics, ces documents peuvent être généraux ou particuliers. En effet, afin de faciliter la tâche de l'administration, ont été arrêtés des cahiers des charges administratives générales (CCAG) et des cahiers des clauses techniques générales (CCTG) qui constituent selon l'activité qu'ils couvrent, autant de modèles de contrats. Il existe aujourd'hui quatre cahiers des charges administratives générales pour les fournitures courantes, les marchés de prestations intellectuelles, les marchés de travaux et les marchés industriels. Il n'est prévu qu'un cahier des clauses techniques générales pour les marchés publics de travaux.

Ces documents peuvent être amendés pour satisfaire au mieux le besoin du pouvoir adjudicateur.

Néanmoins, il n'est pas obligatoire de recourir à un CCAG ou à un CCTG lorsque les dispositions contractuelles de ses modèles ne correspondent pas aux besoins à satisfaire. Dans cette hypothèse, le commanditaire rédige lui-même les clauses administratives et techniques. Ces documents sont alors dénommés cahiers des clauses administratives particulières (CCAP) et cahier des clauses techniques particulières (CCTP).

2 Les caractéristiques du marché

Les marchés renvoient une acception contractuelle et procédurale. De la sorte, le marché est l'ensemble des contrats conclus à l'occasion d'une même procédure de publicité et de mise en concurrence. Dès lors, un marché peut être structuré de manière non seulement à faire coïncider la satisfaction du besoin avec ses contingences techniques et économiques mais aussi à aménager la relation contractuelle pour, le cas échéant, prévenir les risques d'incidents d'exécution.

■ *La structuration contractuelle*

a) Les accords-cadres

Les accords-cadres sont les contrats conclus par un ou plusieurs acheteurs soumis à la présente ordonnance avec un ou plusieurs opérateurs économiques ayant pour objet d'établir les règles relatives aux bons de commande à émettre ou les termes régissant les marchés subséquents à passer au cours d'une période donnée, notamment en ce qui concerne les prix et, le cas échéant, les quantités envisagées (art. 4, Ord. Marché public).

1) La dualité d'accords-cadres

S'il semble ressortir de cette définition que la notion d'accord-cadre constituerait une notion qui ferait la synthèse entre les anciens accords-cadres mono et multi attributaires donnant lieu à la conclusion de marchés subséquents et les anciens marchés à bons de commande donnant lieu à l'émission de bons de commande, il faut néanmoins considérer qu'ils conservent leur autonomie en ce que les marchés subséquents peuvent prendre la forme d'un accord-cadre fixant toutes les conditions d'exécution des prestations et être exécutés au moyen de bons de commande.

- LES ACCORDS-CADRES À MARCHÉS SUBSÉQUENTS

Suivant l'article 78 du décret du 25 mars 2016, la différence entre les accords-cadres à marchés subséquents et ceux à bons de commande réside dans le degré d'ignorance qui pèse sur la définition du besoin. Lorsque l'acheteur ne parvient pas à fixer toutes les stipulations contractuelles, il passe un accord-cadre à marchés subséquents, tandis que lorsqu'il peut définir toutes les stipulations contractuelles sans pouvoir néanmoins déterminer la quantité à exécuter, il attribue un accord-cadre à bons de commande.

Les marchés subséquents précisent les caractéristiques et les modalités d'exécution des prestations demandées qui n'ont pas été fixées dans l'accord-cadre. Ils ne peuvent entraîner des modifications substantielles des termes de l'accord-cadre.

Les accords-cadres peuvent être multi ou mono attributaire. Dans cette dernière hypothèse, les marchés subséquents sont attribués dans les conditions fixées par l'accord-cadre. Préalablement à la conclusion des marchés subséquents, le pouvoir adjudicateur peut demander par écrit au titulaire de compléter son offre.

En revanche, lorsqu'un accord-cadre est conclu avec plusieurs opérateurs économiques, le pouvoir adjudicateur organise une nouvelle mise en concurrence.

Pour chacun des marchés subséquents, le pouvoir adjudicateur consulte par écrit les titulaires de l'accord-cadre ou, lorsque l'accord-cadre a été divisé en lots, les titulaires du lot correspondant à l'objet du marché subséquent ; Il fixe un délai suffisant pour la présentation des offres en tenant compte d'éléments tels que la complexité des prestations attendues ou le temps nécessaire à la transmission des offres. En outre, les offres sont proposées conformément aux caractéristiques fixées par l'accord-cadre et les documents de la consultation propres au marché subséquent. Elles sont établies par écrit et ne sont pas ouvertes avant l'expiration du délai prévu pour le dépôt des offres. Enfin, le marché subséquent est attribué à celui ou à ceux des titulaires de l'accord-cadre qui ont présenté les offres économiquement les plus avantageuses, sur la base des critères d'attribution énoncés dans l'accord-cadre.

L'accord-cadre peut prévoir que l'attribution de certains marchés subséquents ne donnera pas lieu à remise en concurrence lorsqu'il apparaît que, pour des raisons techniques, ces marchés ne peuvent plus être confiés qu'à un opérateur économique déterminé. Tel est notamment le cas lorsqu'aucun produit, matériel ou service ne peut être substitué au produit, matériel ou service à acquérir et qu'un seul des titulaires est en mesure de le fournir.

- LES ACCORDS-CADRES À BONS DE COMMANDE

Les bons de commande sont des documents écrits adressés aux titulaires de l'accord-cadre qui précisent celles des prestations, décrites dans l'accord-cadre, dont l'exécution est demandée et en déterminent la quantité. L'émission des bons de commande s'effectue sans négociation ni remise en concurrence préalable des titulaires, selon des modalités prévues par l'accord-cadre.

Un accord-cadre peut être exécuté en partie par la conclusion de marchés subséquents et en partie par l'émission de bons de commande, à condition que l'acheteur identifie les prestations qui relèvent des différentes parties de l'accord-cadre.

2) *Le régime*

Les accords-cadres peuvent être conclus :

– 1° Soit avec un minimum et un maximum en valeur ou en quantité ;

– 2° Soit avec seulement un minimum ou un maximum ;

– 3° Soit sans minimum ni maximum.

Si les accords-cadres peuvent être attribués sans pour autant donner lieu à l'émission de tous les bons de commande envisageables au regard des quantités décrites dans le marché et en dehors du respect des seuils éventuellement fixés, il ne peut en revanche être constaté un écart trop important entre les termes du marché et ceux des bons de commande sans engager la responsabilité du pouvoir adjudicateur. Ainsi en est-il d'un marché de transport de farines animales dont l'émission des bons de commande n'a permis d'exécuter que 20 % du marché tel que défini lors de la procédure de passation (*CAA de Nantes, 26 avril 2013, Société AB Trans*).

La durée des accords-cadres ne peut dépasser quatre ans pour les pouvoirs adjudicateurs et huit ans pour les entités adjudicatrices, sauf dans des cas exceptionnels dûment justifiés, notamment par leur objet ou par le fait que leur exécution nécessite des investissements amortissables sur une durée supérieure.

Les marchés subséquents et les bons de commande sont conclus ou émis entre les acheteurs identifiés à cette fin dans l'avis d'appel à la concurrence, dans l'invitation à confirmer l'intérêt ou, en l'absence d'un tel avis ou d'une telle invitation, dans un autre document de la consultation, et le ou les opérateurs économiques titulaires de l'accord-cadre.

Ils ne peuvent être conclus ou émis que durant la période de validité de l'accord-cadre. Leur durée d'exécution est fixée conformément aux conditions habituelles d'exécution des prestations faisant l'objet de l'accord-cadre. L'acheteur ne peut fixer une durée telle que l'exécution des marchés subséquents ou des bons de commande se prolonge au-delà de la date limite de validité de l'accord-cadre dans des conditions qui méconnaissent l'obligation d'une remise en concurrence périodique.

b) L'allotissement

L'allotissement est une technique qui consiste à scinder un marché en plusieurs lots, c'est-à-dire en ***plusieurs contrats***. L'intérêt de ce procédé réside dans l'organisation de plusieurs mises en concurrence à l'occasion d'une procédure globale de passation d'un marché. Elle permet ainsi de tenir compte des caractéristiques économiques et techniques du marché passé.

Par exemple, le marché de construction d'une école peut faire l'objet de plusieurs lots (gros œuvre, plomberie, électricité, décoration...). Chaque lot attribué nécessite la signature d'un contrat et la désignation d'un titulaire sauf lorsque plusieurs lots sont attribués à un même titulaire, il est possible de ne signer avec ce titulaire qu'un seul marché regroupant tous ces lots. Ainsi, pour un seul marché, plusieurs candidats pourront être retenus chacun recevant un ou plusieurs lots.

Le Code des marchés publics du 1er août 2006 avait modifié substantiellement le régime de l'allotissement. Avant celui-ci, le pouvoir adjudicateur avait l'entière liberté en fonction des considérations techniques et économiques du marché, de le scinder en lots. Depuis lors, l'allotissement n'était plus facultatif, mais ***obligatoire.*** Cette obligation est une mesure qui a été adoptée dans la perspective de favoriser les petites et moyennes entreprises. En obligeant à scinder un même marché en plusieurs lots, les rédacteurs du code avaient souhaité que les marchés publics soient présentés en direction des petites et moyennes entreprises généralement constituées par corps de métier afin qu'elles puissent répondre, seule, à une procédure de passation d'un marché. De la sorte, elles n'ont plus besoin de se regrouper préalablement. Cet objectif en faveur de TPE et PME bien que toujours explicitement affiché en tant que fondement de l'obligation d'allotissement devrait être contrarié par une nouvelle disposition qui rompt avec l'obligation qui prévalait jusqu'à présent d'apprécier les offres lot par lot. En effet, il sera désormais possible d'autoriser les opérateurs économiques à présenter des offres variables selon le nombre de lots susceptibles d'être obtenus. Cette mesure qui ne manquera pas de séduire les acheteurs devrait avoir l'effet inverse de celui recherché visant à favoriser les TPE et PME en ce que seuls les opérateurs économiques ayant les compétences et la taille critique pour répondre à plusieurs lots, pourront tirer parti de cette opportunité de rabais qui devrait leur assurer davantage de chance de succès.

Les marchés publics autres que les marchés publics de défense ou de sécurité sont passés en lots séparés, sauf si leur objet ne permet pas l'identification de prestations distinctes. À cette fin, les acheteurs déterminent le nombre, la taille et l'objet des lots. Les acheteurs peuvent toutefois décider de ne pas allotir un marché public s'ils ne sont pas en mesure d'assurer par eux-mêmes les missions d'organisation, de pilotage et de coordination ou si la dévolution en lots séparés est de nature à restreindre la concurrence ou risque de rendre techniquement difficile ou financièrement plus coûteuse l'exécution des prestations.

Le juge administratif opère un contrôle restreint sur la passation d'un marché global. Ainsi, le juge des référés, en relevant l'existence d'un manquement à l'obligation d'allotissement au motif que les deux lots retenus par la commune présentaient en réalité les caractéristiques d'un marché global par l'ampleur et l'hétérogénéité des matières qu'ils regroupent, a commis une erreur de droit car il n'a pas limité « *son contrôle à l'existence d'une erreur manifeste d'appréciation dans la détermination du nombre et de la consistance des lots eu égard à la nature des prestations et à l'objet du marché* » (*CE, 21 mai 2010, Commune d'Ajaccio*).

Dès lors, le juge administratif a admis le recours à un marché global pour la passation d'un marché de prestations de sécurisation des espaces publics comprenant la rénovation des espaces publics, la mise aux normes de la signalisation lumineuse tricolore et l'installation d'un dispositif de vidéosurveillance, eu égard aux difficultés techniques d'une dévolution séparée de ces prestations et aux conséquences probables de l'allotissement sur leur coût financier (*CE, 20 mai 2009, Commune de Fort-de-France*).

Par ailleurs, la réduction significative du coût des prestations pour le pouvoir adjudicateur constitue, lorsqu'elle est démontrée au moment du choix entre des lots séparés ou un marché global, un motif légal de dévolution en marché global (*CE, 9 décembre 2009, Département de l'Eure).*

L'allotissement est un moyen de scinder un marché mais en aucune manière un moyen de scinder un besoin de sorte que la valeur de ce besoin soit réduite pour éviter la soumission à des procédures formalisées. Le choix d'allotir ou non un marché n'a aucune incidence sur la définition du besoin en tant qu'elle permet la sélection des procédures.

Les acheteurs peuvent limiter le nombre de lots pour lesquels un opérateur économique peut présenter une offre ou le nombre de lots qui peuvent être attribués à un même opérateur économique.

L'acheteur indique dans les documents de la consultation si les opérateurs économiques peuvent soumissionner pour un seul lot, plusieurs lots ou tous les lots ainsi que, le cas échéant, le nombre maximal de lots qui peuvent être attribués à un même soumissionnaire. Dans ce cas, les documents de la consultation précisent les règles applicables lorsque la mise en œuvre des critères d'attribution conduirait à attribuer à un même soumissionnaire un nombre de lots supérieur au nombre maximal.

L'acheteur qui décide de ne pas allotir un marché public répondant à un besoin dont la valeur est égale ou supérieure aux seuils de procédure formalisée motive ce choix dans les documents de la consultation ou le rapport de présentation lorsqu'il agit en tant que pouvoir adjudicateur ou parmi les informations qu'il conserve lorsqu'il agit en tant qu'entité adjudicatrice.

L'acheteur qui décide de ne pas allotir un marché public répondant à un besoin dont la valeur est inférieure aux seuils de procédure formalisée motive ce choix dans les documents relatifs à la procédure qu'il conserve.

c) Les tranches

Suivant l'article 77 du décret 25 mars 2016, les acheteurs peuvent passer un marché public comportant une tranche ferme et une ou plusieurs tranches optionnelles. Le marché public définit la consistance, le prix ou ses modalités de détermination et les modalités d'exécution des prestations de chaque tranche.

Les prestations de la tranche ferme doivent constituer un ensemble cohérent ; il en est de même des prestations de chaque tranche optionnelle compte tenu des prestations de toutes les tranches antérieures.

L'exécution de chaque tranche optionnelle est subordonnée à une décision de l'acheteur, notifiée au titulaire dans les conditions fixées par le marché public. Lorsqu'une tranche optionnelle est affermie avec retard ou n'est pas affermie, le titulaire peut bénéficier, si le marché public le prévoit et dans les conditions qu'il définit, d'une indemnité d'attente ou de dédit.

■ *Les stipulations contractuelles*

Conformément à l'article 39 de l'ordonnance Marché et à l'article 15 du décret 25 mars 2016, le marché doit prévoir un certain nombre de mentions obligatoires parmi lesquelles figurent la durée d'exécution, le prix et ses modalités de fixation et le cas échéant des modalités d'évolutions. Au-delà de ces mentions, le juge considère que le pouvoir adjudicateur est soumis à une obligation plus générale de faire figurer les informations essentielles du marché tel qu'une obligation de reprise du personnel et la masse salariale en question (*CE, 19 janvier 2011, Société TEP*).

a) La durée

En raison de l'obligation d'une ***mise en concurrence périodique***, les marchés publics doivent toujours être conclus pour une ***durée déterminée***. Le droit des marchés publics ne prévoit pas une durée maximale à l'exception des accords-cadres, des marchés à bons de commande, des marchés complémentaires passés en procédure négociée et des marchés relatifs à des opérations de communication. Le pouvoir adjudicateur doit tenir compte de la nature des prestations et de la nécessité d'une remise en concurrence périodique. La pratique a néanmoins consacré des délais ne dépassant pas quatre ans rejoignant ainsi les hypothèses dérogatoires déjà citées. La durée du marché ne doit pas être confondue avec les délais d'exécution qui ne sont soumis à aucune règle particulière. Ainsi, le Conseil d'État a jugé légale la procédure qui prévoyait dans un marché la réalisation de prestations donnant lieu à l'émission de bons de commande sur une durée limitée à quatre ans, et d'autres prestations dont la durée d'exécution était de cinq ans (*CE, 29 octobre 2010, SMAROV*).

Par ailleurs, aux termes de l'article 30 de l'ordonnance relative aux marchés publics, il résulte que le pouvoir adjudicateur doit définir ses besoins avec suffisamment de précision pour permettre aux candidats de présenter une offre adaptée aux prestations attendues, compte tenu des moyens nécessaires pour les réaliser. Dès lors, les candidats doivent disposer, notamment dans le cadre d'une procédure de passation formalisée ne permettant pas de négociation avec le pouvoir adjudicateur, d'informations relatives à la date d'achèvement du marché. Néanmoins, si le pouvoir adjudicateur entend laisser aux candidats la faculté de proposer eux-mêmes une date précise d'achèvement, il lui revient alors d'encadrer cette faculté, en fixant par exemple une date butoir ou une fourchette de dates possibles pour l'échéance du marché, sans que, compte tenu des critères de sélection des offres, il en résulte une incertitude telle qu'elle ne permette pas aux candidats de présenter utilement une offre (*CE, 1er juin 2011, Commune Saint-Benoit*).

De la sorte, un marché ne peut faire l'objet de reconduction expresse ou tacite. La reconduction, qui consiste à lier les cocontractants pendant la durée d'un nouveau contrat dans des termes identiques aux précédents (*CE, 25 mai 1951, Dobrouchkess*), aurait pour conséquence de remettre en cause la durée préalablement déterminée. Ainsi, un marché passé pour trois ans ne pourra faire l'objet d'une reconduction pour les trois années suivant son échéance.

En revanche, un marché peut être constitué de plusieurs contrats dont la succession permettra d'atteindre la durée maximale fixée préalablement pour l'exécution du marché : « *Un marché peut prévoir une ou plusieurs reconductions à condition que ses caractéristiques restent inchangées et que la mise en concurrence ait été réalisée en prenant en compte la durée totale du marché, périodes de reconduction comprises* ». Il est ici important de ne pas confondre marché et contrat, un marché pouvant comprendre plusieurs contrats. Ainsi, un marché de trois ans peut être composé de trois contrats d'un an, reconduits. Dans cette hypothèse, le Code des marchés publics prévoit la possibilité pour le pouvoir adjudicateur de reconduire expressément ou tacitement le contrat jusqu'à l'échéance maximale du marché. Dès lors, le cahier des charges devra préciser soit la durée maximale du marché, soit le nombre maximal de reconduction du contrat.

L'intérêt de ce dispositif réside dans la faculté dont dispose le pouvoir adjudicateur de ne pas poursuivre l'exécution du marché jusqu'à son terme. En revanche, le titulaire du marché ne pourra lui refuser la reconduction des contrats sauf stipulation contraire. Cette asymétrie est particulièrement avantageuse pour le pouvoir adjudicateur qui peut mettre fin prématurément à l'exécution du marché sans que le titulaire dispose de la même faculté.

b) Prix

Les prix des prestations faisant l'objet d'un marché sont soit des prix unitaires appliqués aux quantités réellement livrées ou exécutées, soit des prix forfaitaires appliqués à tout ou partie du marché, quelles que soient les quantités livrées ou exécutées (art. 17, Décret marchés publ.).

Le prix peut être définitif ou provisoire.

1) Prix définitif

La définition du besoin peut faire apparaître une relative incertitude sur le coût ou le prix de la prestation de sorte qu'il est nécessaire au moment de la mise en concurrence de prévoir dans le cahier des charges que le prix sera ***ferme ou révisable*** (art. 18, Décret marchés publ.).

Un marché public est conclu à prix ferme dans le cas où cette forme de prix n'est pas de nature à exposer à des aléas majeurs les parties au marché public du fait de l'évolution raisonnablement prévisible des conditions économiques pendant la période d'exécution des prestations. Dès lors, lorsque le prix n'est pas susceptible d'évoluer ou de faire supporter sur le titulaire du marché un aléa économique tel qu'il pourrait envisager d'anticiper le risque d'augmentation du coût de la réalisation de la prestation en surévaluant le prix demandé, le pouvoir adjudicateur peut passer un marché à prix ferme.

Un prix ferme est un prix invariable pendant la durée du marché. Toutefois, il peut ou doit être actualisé si un délai supérieur à trois mois s'écoule entre la date à laquelle le candidat a fixé son prix dans l'offre (établie généralement à date de remise des offres) et la date de début d'exécution des prestations. Les modalités d'actualisation sont déterminées obligatoirement dans le cahier des charges dès lorsqu'il s'agit de marchés de travaux et de marchés de fournitures et de services non courants. N'est facultative que l'actualisation des marchés de fournitures ou services courants c'est-à-dire ceux pour lesquels l'acheteur n'impose pas des spécifications techniques propres au marché public.

Le cas échéant, l'actualisation se fera aux conditions économiques correspondant à une date antérieure de trois mois à la date de début d'exécution des prestations.

Suite à un arrêt du Conseil d'État qui refusait que l'actualisation du prix ferme ait lieu au moment de l'affermissement des tranches conditionnelles (*CE, 18 nov. 2009, Sté 2H Energy*), le décret du 25 août 2011 a modifié l'article 18 du code en imposant que dans les marchés à tranches conditionnelles, l'actualisation est opérée aux conditions économiques observées à une date antérieure de trois mois au début d'exécution des prestations de la tranche.

En revanche, lorsqu'il est nécessaire de tenir compte des variations économiques, le cahier des charges peut prévoir que le prix sera révisable sauf s'il s'agit de marchés d'une durée d'exécution supérieure à trois mois qui nécessitent, pour leur réalisation, le recours à une part importante de fournitures notamment de matières premières dont le prix est directement affecté par les fluctuations de cours mondiaux. Le cas échéant, la stipulation sur le prix devra comporter une clause de révision de prix incluant au moins une référence aux indices officiels de fixation de ces cours.

Les marchés d'une durée d'exécution supérieure à trois mois qui nécessitent, pour leur réalisation, le recours à une part importante de fournitures notamment de matières premières dont le prix est directement affecté par les fluctuations de cours mondiaux, doivent comporter une clause de révision de prix incluant une référence aux indices officiels de fixation de ces cours. Auparavant, le Code des marchés publics opérait une distinction entre le prix révisable et le prix ajustable. Cette distinction est aujourd'hui révolue pour ne laisser place qu'à la notion de prix révisable.

L'utilisation de ce procédé permet d'obtenir le prix correspondant au plus juste à la réalisation d'une prestation. Ainsi, en proposant un prix révisable indexé sur le cours du pétrole ou le cours de l'acier, le titulaire du marché sait qu'il pourra facturer la réalisation de la prestation en fonction de l'évolution du cours de ces matières premières, et non faire supporter à l'administration, dans le prix de sa prestation, l'évolution probable mais non certaine de ces cours.

La révision du prix doit reposer sur des modalités de calculs, objectives et extérieures aux parties. Pourra ainsi être prise en compte une référence à partir de laquelle sera ajustée le prix de la prestation (indice FFB pour le coût de la réalisation des bâtiments ou bien encore le prix du pétrole) ou une formule représentative de l'évolution du coût de la prestation (un pourcentage d'évolution du prix en fonction de la durée d'exécution). Dans cette dernière hypothèse, la formule de révision ne prend en compte que les différents éléments du coût de la prestation et peut inclure un terme fixe. Le prix révisable peut combiner le recours à ces deux méthodes.

2) Prix provisoire

Dans cette hypothèse, le marché n'est pas conclu à prix définitif. Il s'agit des hypothèses exceptionnelles dans lesquelles le prix de la prestation ne peut pas être fixé au moment de la mise en concurrence (art. 19, Décret marchés publ.).

Le marché est conclu à prix provisoire lorsque :

- pour des prestations complexes ou faisant appel à une technique nouvelle et présentant soit un caractère d'urgence impérieuse, soit des aléas techniques importants, l'exécution du marché doit commencer alors que la détermination d'un prix initial définitif n'est pas encore possible ;
- les résultats d'une enquête de coût de revient portant sur des prestations comparables commandées au titulaire d'un marché antérieur ne sont pas encore connus ;
- les prix des dernières tranches d'un marché à tranches, tel que défini à l'article 72, sont fixés au vu des résultats, non encore connus, d'une enquête de coût de revient portant sur les premières tranches, conclues à prix définitifs ;
- et, les prix définitifs de prestations comparables ayant fait l'objet de marchés antérieurs sont remis en cause par le candidat pressenti ou par le pouvoir adjudicateur, sous réserve que ce dernier ne dispose pas des éléments techniques ou comptables lui permettant de négocier de nouveaux prix définitifs ;

– lorsque les prestations font l'objet d'un partenariat d'innovation ou font appel principalement à des technologies innovantes ou évolutives ne permettant pas de conclure le marché public à prix définitif.

Le cas échéant, le marché précise :

– les conditions dans lesquelles sera déterminé le prix définitif, éventuellement dans la limite d'un prix plafond ;
– l'échéance à laquelle devra intervenir un avenant pour fixer le prix définitif ;
– et les règles comptables auxquelles le titulaire devra se conformer.

Le pouvoir adjudicateur peut se réserver un contrôle sur pièces et sur place des éléments techniques et comptables du coût de revient.

Outre ces hypothèses générales relativement exceptionnelles, l'application du prix provisoire trouve à s'appliquer essentiellement aux marchés publics de maîtrise d'œuvre passés pour la réalisation d'ouvrage tels que défini par l'article 1er de la loi du 12 juillet 1985 relative à la maîtrise d'ouvrage publique et à ses rapports avec la maîtrise d'œuvre.

Aux termes de l'article 9 de cette même loi, « *la mission de maîtrise d'œuvre donne lieu à une rémunération forfaitaire fixée contractuellement. Le montant de cette rémunération tient compte de l'étendue de la mission, de son degré de complexité et du coût prévisionnel des travaux* ».

Suivant les articles 29 et 30 du décret du 29 novembre 1993 relatif aux missions de maîtrise d'œuvre confiées par des maîtres d'ouvrage publics à des prestataires de droit privé, dans le cas où le coût prévisionnel des travaux ne peut être établi à la date de la conclusion du contrat de maîtrise d'œuvre, la rémunération forfaitaire du maître d'œuvre est fixée, à titre provisoire, compte tenu de l'estimation prévisionnelle provisoire des travaux ou de la partie affectée aux travaux de l'enveloppe financière prévisionnelle fixée par le maître de l'ouvrage. Les parties au contrat doivent, par la suite, fixer le montant du forfait définitif de rémunération du maître d'œuvre en fonction du coût prévisionnel des travaux arrêté, avant le lancement de la consultation des entreprises pour la passation des marchés de travaux, à partir des études d'avant-projet définitif, lorsque la mission confiée au maître d'œuvre comporte l'assistance au maître de l'ouvrage pour la passation du ou des contrats de travaux (*CE, 10 février 2014, Cté D'agglo. Tours Plus*).

c) Les spécifications techniques

Les spécifications techniques définissent les caractéristiques requises des travaux, des services ou des fournitures qui font l'objet du marché public.

Ces caractéristiques peuvent également se référer au processus ou à la méthode spécifique de production ou de fourniture des travaux, des produits ou des services demandés ou à un processus propre à un autre stade de leur cycle de vie même lorsque ces facteurs ne font pas partie de leur contenu matériel, à condition qu'ils soient liés à l'objet du marché public et proportionnés à sa valeur et à ses objectifs.

À cette occasion, le risque de discrimination entre opérateurs par la définition dans les cahiers des clauses techniques générales et particulières de sujétions que tous ne sont pas à même de satisfaire emporte un risque d'atteinte à la liberté d'accès et à l'égalité de traitement devant la commande publique.

Dès lors, elles ne peuvent pas avoir pour effet de créer des obstacles injustifiés à l'ouverture des marchés publics à la concurrence. Elles ne peuvent pas faire mention d'un mode ou procédé de fabrication particulier ou d'une provenance ou origine déterminée, ni faire référence à une marque, à un brevet ou à un type, dès lors qu'une telle mention ou référence aurait pour effet de favoriser ou d'éliminer certains opérateurs économiques ou certains produits. L'acheteur public ne peut se référer aux spécifications techniques d'un produit précis, même sans le nommer (*CE, 11 septembre 2006, Commune de Saran*).

Toutefois, la mention ou la référence à une norme est possible si elle est justifiée par l'objet du marché ou, à titre exceptionnel, dans le cas où une description suffisamment précise et intelligible de l'objet du marché n'est pas possible sans elle et à la condition qu'elle soit accompagnée des termes : « ou équivalent ».

Sauf cas dûment justifié, les spécifications techniques sont établies de manière à prendre en compte des critères d'accessibilité pour les personnes handicapées ou des critères de fonctionnalité pour tous les utilisateurs.

En outre, notamment dans un souci environnemental ou social, les spécifications techniques peuvent faire référence à des labels lorsque les exigences en matière de label ne concernent que les conditions d'exécution et sont propres à définir les caractéristiques des travaux, fournitures ou services qui font l'objet du marché public, fixées par un tiers sur lequel l'opérateur économique qui demande l'obtention du label ne peut exercer d'influence décisive et qu'elles sont fondées sur des critères objectivement vérifiables et non-discriminatoires. En outre, le label doit être établi par une procédure ouverte et transparente, ses spécifications détaillées, accessibles à toute personne intéressée.

Lorsqu'un opérateur économique n'avait manifestement pas la possibilité d'obtenir le label particulier spécifié par l'acheteur ou un label équivalent dans les délais fixés pour des raisons qui ne lui sont pas imputables, l'acheteur accepte d'autres moyens de preuve appropriés tels que, par exemple, un dossier technique du fabricant, pour autant que l'opérateur économique concerné établisse que les travaux, fournitures ou services qu'il doit fournir satisfont aux exigences concernant le label particulier ou aux exigences particulières indiquées par l'acheteur.

d) Autres clauses

1) Options

Une option est une obligation alternative définie et proposée par le pouvoir adjudicateur dans le cahier des charges. Le candidat a la faculté de la retenir dans son offre. Les options sont des prestations complémentaires qui doivent être limitées de façon à ne pas fausser le jeu de la concurrence.

2) Les clauses d'exception d'inexécution

L'exception d'inexécution n'est par principe pas admise dans le droit des contrats administratifs au profit du contractant de l'administration. Cependant, cette règle ne semble pas d'ordre public dans la mesure où il peut y être dérogé par contrat. Ainsi, le titulaire d'un marché pouvait, se fondant sur les termes de l'acte d'engagement, cesser l'exécution du marché en raison du non-paiement des factures échues par le pouvoir adjudicateur et ce, sans même être dans l'obligation d'adresser préalablement une quelconque mise en demeure expresse faute d'obligation prévue par aucune stipulation contractuelle (*CAA Nancy, 14 octobre 2010, Société european institue of management*).

3) Les clauses de résolution amiable des litiges

Les clauses de résolution amiable des litiges sont fréquentes dans les contrats de commande publique. Une stipulation qui prévoit que les différends qui ne seraient pas résolus par la procédure de règlement amiable de litiges seront soumis au tribunal administratif fait obstacle à ce qu'une des parties saisisse directement le juge administratif, y compris le juge statuant en référé. Il faudra qu'au moins une des parties ait engagé la procédure de recours préalable, sans attendre que celle-ci soit parvenue à son terme pour que la recevabilité du recours soit admise par le juge administratif.

4) Clauses financières incitatives ou pénalisantes

Suivant l'article 17 du décret relatif aux marchés publics, des clauses incitatives peuvent être insérées dans les marchés aux fins d'améliorer les délais d'exécution, de rechercher une meilleure qualité des prestations et de réduire les coûts de production. Il s'agit généralement de primes attribuées en considération du résultat atteint par le titulaire lors de l'exécution du marché.

Par ailleurs, sans que le décret le prévoie expressément, les marchés publics peuvent contenir des clauses pénales dont la vocation est de sanctionner le titulaire par le versement d'indemnités fixées préalablement dans le contrat par jour de retard dans l'exécution du marché. Ces clauses facultatives imposent une rédaction détaillée qui articule la définition des objectifs avec celle des moyens, notamment s'agissant des délais même si le Conseil d'État a jugé que le retard pris par le titulaire d'un marché l'empêchant de bénéficier de la prime prévue pour le respect du délai de livraison de la première tranche d'un lycée était consécutif au retard dans la notification du marché (*CE, 18 mai 2001, Sté OTH Sud-Ouest*).

Les clauses pénales sont particulièrement nécessaires lorsque le pouvoir adjudicateur définit comme critère de sélection des offres les délais d'exécution afin que les candidats ne se livrent pas à une surenchère inconsidérée.

5) Les clauses de résiliation unilatérale

Un pouvoir adjudicateur ne peut être soumis à une stipulation contractuelle qui impose en cas de non-renouvellement de sa part qu'il devra indemniser le titulaire du marché à hauteur de cinq fois le montant annuel forfaitaire fixé dans la convention. En vertu de l'interdiction faite aux personnes publiques de consentir des libéralités, un contrat administratif ne peut légalement prévoir une indemnité de résiliation ou de non-renouvellement qui serait, au détriment de la personne publique, manifestement disproportionnée au montant du préjudice subi par le cocontractant du fait de cette résiliation ou de ce non-renouvellement *(CE, 22 juin 2012, CCIM).*

En revanche, si les principes généraux applicables aux contrats administratifs permettent aux personnes publiques, sans qu'aucune disposition législative ou réglementaire, non plus qu'aucune stipulation contractuelle ne le prévoient, de résilier un contrat pour un motif d'intérêt général, sous réserve de l'indemnisation du préjudice éventuellement subi par le cocontractant, ces mêmes principes ne s'opposent pas à ce que des stipulations contractuelles écartent tout droit à indemnisation en cas de résiliation du contrat par la personne publique quand bien même il serait établi que cette dernière n'était pas justifiée par un motif d'intérêt général (*CE, 19 décembre 2012, société AB Trans*).

La sélection de la procédure

Chapitre 3

La définition du besoin emporte une seconde série de conséquences en ce qu'elle est un préalable nécessaire à la sélection d'une des procédures de passation prévues par le droit des marchés publics.

1 Procédures

L'ordonnance et le décret relatifs aux marchés publics prévoient plusieurs procédures : celles de droit commun, que sont les procédures adaptées et les procédures d'appel d'offres ouvertes ou restreintes et les procédures spéciales, comprenant la procédure concurrentielle avec négociation, la procédure de dialogue compétitif, et une procédure négociée sans publicité ni mise en concurrence préalables. À cette liste, faut-il encore ajouter ce que désormais le droit des marchés publics désigne de manière confuse, non plus comme des procédures mais des « techniques particulières d'achat » ou encore des « modes de sélection » dans des dispositions distinctes. Il s'agit des systèmes d'acquisition dynamique et des concours.

■ *Procédures adaptées générales et spéciales*

Les procédures adaptées sont caractérisées par une absence d'obligations de publicité et de mise en concurrence formalisées et définies par l'ordonnance et le décret relatifs aux marchés publics. Néanmoins, ces marchés doivent respecter les ***principes fondamentaux de la commande publique*** que sont la transparence, la liberté d'accès à la commande publique et l'égalité de traitement.

En conséquence, les collectivités publiques doivent, lorsqu'elles sont soumises aux procédures adaptées suivre une procédure qu'elles se seront elles-mêmes imposées pour respecter ces principes. Les collectivités doivent ainsi concilier l'absence de formalisme particulier, avec les attentes légitimes des entreprises eu égard aux règles de transparence et de concurrence. La personne publique doit, préalablement à toute mise en concurrence, y compris dans le cadre d'un marché à procédure adaptée, respecter l'obligation de sélection de l'offre économiquement la plus avantageuse.

En conséquence, elle doit notamment informer les candidats de ses critères de choix. Un marché passé selon les procédures adaptées peut, par ailleurs, être annulé lorsqu'il ne respecte pas le principe de transparence.

Pour la détermination de ces modalités et à l'exception des obligations imposées en matière de publicité fixée par les textes eux-mêmes, le pouvoir adjudicateur peut s'inspirer des procédures formalisées prévues par le droit des marchés publics, sans pour autant que les marchés en cause ne soient alors soumis aux règles formelles applicables à ces procédures.

En revanche, s'il se réfère expressément à l'une des procédures formalisées prévues par l'ordonnance et le décret relatifs aux marchés publics, le pouvoir adjudicateur est tenu d'appliquer les modalités prévues par ceux-ci. Quel que soit son choix, le pouvoir adjudicateur ne peut exiger des opérateurs économiques plus de renseignements ou de documents que ceux prévus pour les procédures formalisées. Le pouvoir adjudicateur peut décider que le marché sera passé sans publicité ni mise en concurrence préalables si les circonstances le justifient, ou si son montant estimé est inférieur à 25 000 euros HT, ou dans les situations décrites à l'article 30 du décret relatifs aux marchés publics.

Ainsi, les pouvoirs adjudicateurs se sont dotés de guide des procédures internes ou guide des procédures adaptées, qu'ils suivent à cette occasion.

La consécration des procédures adaptées dès 2004 avait pour ambition de donner davantage de liberté aux pouvoirs adjudicateurs en ne leur imposant que le respect des principes fondamentaux de la commande publique. S'il est manifeste que les procédures adaptées permettent de soustraire les commanditaires publics à certaines formalités, elles ont aussi pour conséquence de générer une certaine insécurité juridique en ce que l'application des principes soulève des questions de conformité qui transfèrent la définition des règles procédurales au juge qui établit à travers ses décisions, un droit des marchés publics, jurisprudentiel.

Les procédures adaptées peuvent être spéciales dans la mesure où certains marchés de service ne sont pas soumis aux mêmes obligations en matière de publicité que celles prévues pour les procédures adaptées générales. Parmi ces procédures adaptées spéciales, un sort particulier est réservé aux services juridiques dont l'ordre des avocats avait contesté par un recours contre l'ordonnance du 23 juillet 2015 sa soumission au droit commun des marchés publics. Si sa requête a été rejetée (*CE, 9 mars 2016, Conseil national des barreaux et autres*), le décret d'application de l'ordonnance a pris en compte la revendication de l'ordre des avocats en prévoyant que les services juridiques de représentation légale d'un client par un avocat dans le cadre d'une procédure juridictionnelle, devant les autorités publiques ou les institutions internationales ou dans le cadre d'un mode alternatif de règlement des conflits et les services de consultation juridique fournis par un avocat en vue de la préparation de toute procédure ou lorsqu'il existe des signes tangibles et de fortes probabilités que la question sur laquelle porte la consultation fera l'objet d'une telle procédure soient soumises au régime des procédures adaptées.

■ *Appel d'offres*

L'appel d'offres est la procédure par laquelle le pouvoir adjudicateur choisit l'attributaire, sans négociation, sur la base de critères objectifs préalablement portés à la connaissance des candidats. Il peut être ouvert ou restreint. Il est dit ouvert lorsque tout opérateur économique peut remettre une offre. En revanche, il est dit restreint lorsque seuls peuvent remettre des offres les opérateurs économiques qui y ont été autorisés après sélection. Le choix entre les deux formes d'appel d'offres est libre (art. 66, décret marchés publ.). Il est généralement motivé par la structure du marché. Une offre pléthorique incitera le pouvoir adjudicateur à restreindre l'appel d'offres afin de n'avoir pas à traiter trop de candidatures, ni à analyser un nombre important d'offres.

■ *Procédures spéciales*

a) Procédures concurrentielles avec négociation

La procédure concurrentielle avec négociation est la procédure par laquelle un pouvoir adjudicateur négocie les conditions du marché public avec un ou plusieurs opérateurs économiques autorisés à participer aux négociations.

b) Marchés publics négociés sans publicité ni mise en concurrence préalables

Ces marchés recouvrent les contrats exceptionnels, passés de gré à gré.

c) Procédure négociée avec mise en concurrence préalable

La procédure négociée est le pendant de la procédure concurrentielle avec négociation dans le champ de compétence des entités adjudicatrices. Elle est la procédure par laquelle une entité adjudicatrice négocie les conditions du marché public avec un ou plusieurs opérateurs économiques autorisés à participer aux négociations (art. 71, décret marchés publ.).

d) Dialogue compétitif

Le dialogue compétitif est la procédure dans laquelle l'acheteur dialogue avec les candidats admis à participer à la procédure en vue de définir ou développer une ou plusieurs solutions de nature à répondre à ses besoins et sur la base de laquelle ou desquelles les participants au dialogue sont invités à remettre une offre.

L'acheteur définit ses besoins et ses exigences dans l'avis de marché et, le cas échéant, dans un programme fonctionnel ou un projet partiellement défini (art. 75, décret marchés publ.).

Cette procédure d'origine européenne a pour fonction de sortir d'une représentation traditionnelle de la formalisation des marchés publics en permettant aux pouvoirs adjudicateurs d'engager un dialogue constructif pour l'élaboration et la rédaction du marché. La procédure du dialogue compétitif est d'ailleurs utilisée pour la passation des contrats de partenariat dont la complexité justifie le recours à la négociation à tous les moments de la rédaction du contrat.

■ *Concours*

Suivant l'article 8 de l'ordonnance marchés publics, le concours est un mode de sélection par lequel l'acheteur choisit, après mise en concurrence et avis d'un jury, un plan ou un projet, notamment dans le domaine de l'aménagement du territoire, de l'urbanisme, de l'architecture et de l'ingénierie ou du traitement de données.

Comme l'appel d'offres, celui-ci peut être ouvert ou restreint. Le concours est également utilisé pour favoriser des propositions architecturales ou esthétiques. En conséquence, il peut être prévu que les candidats, qui auront un travail important de présentation de leur offre, puissent être indemnisés (art. 38, C. marchés publ.).

■ *Système d'acquisition dynamique*

Suivant l'article 81 du décret, un système d'acquisition dynamique (SAD) est un processus entièrement électronique de passation de marché public, pour des achats d'usage courant, par lequel l'acheteur attribue, après mise en concurrence, un ou plusieurs ***marchés spécifiques*** à l'un des opérateurs économiques préalablement sélectionnés.

Les SAD fonctionne comme un vivier de fournisseurs potentiels, dont les offres indicatives sont consultables en permanence.

Le système d'acquisition dynamique est une procédure d'achat de fournitures ou services courants entièrement électronique, dont la vocation est de permettre à un pouvoir adjudicateur d'approfondir sa connaissance du secteur économique concerné avant de procéder à un achat, afin d'optimiser l'attribution des marchés. Le principe du SAD est d'inviter des soumissionnaires potentiels à présenter des offres indicatives par voie électronique, aux fins de s'informer sur les produits disponibles et les prix pratiqués, de détenir ces informations actualisées en permanence sur une longue durée, et, après analyse de ces offres, de passer à l'achat ferme, en bénéficiant des informations acquises au stade des offres indicatives. L'acheteur public dispose ainsi, avant toute commande définitive, de la possibilité de consulter des catalogues électroniques présentant des produits adaptés à ses besoins spécifiques, tels qu'ils ont été définis dans les documents de la consultation. Le SAD a également pour intérêt de favoriser la programmation des achats. Établi pour une période maximale de quatre ans, il permet d'anticiper la disponibilité des fournitures sur la période couverte par le SAD. La mise en concurrence obligatoire avant chaque marché spécifique permet d'actualiser les listes de fournitures.

Le système est ouvert, pendant toute sa durée de validité, à tout opérateur économique satisfaisant aux critères de sélection.

Ce système d'achat qui permet un accès à la commande publique après la procédure de mise en place répond à un régime propre dès lors que le besoin est inférieur au seuil des procédures formalisées. Au-delà, le SAD est soumis aux procédures d'appels d'offres restreints.

2 Champ d'application

Le choix de la procédure est une étape importante dans la passation d'un marché public. Une erreur dans la sélection de la procédure peut aboutir à l'annulation du marché. Pour ne pas commettre d'erreur, il est possible de procéder en deux temps. En premier lieu, il convient de rechercher si le besoin présente certaines caractéristiques qui justifieraient le recours aux procédures dérogatoires, c'est-à-dire aux procédures autres que l'appel d'offres ou les procédures adaptées. Si l'une des procédures dérogatoires ne peut être suivie en application de critères matériels, il faut dans un second temps choisir la procédure en fonction d'un critère financier. C'est la valeur du besoin qui déterminera la procédure à suivre.

Les procédures sont déterminées sur le fondement d'une distinction qui traverse l'ensemble du droit des marchés publics suivant une trilogie qui dissocie les marchés de travaux, les marchés de fournitures et les marchés de services :

– ***les marchés publics de travaux*** sont les marchés conclus avec des entrepreneurs, qui ont pour objet soit l'exécution, soit la conception et l'exécution de travaux, soit la réalisation, soit la conception et la réalisation, par quelque moyen que ce soit, d'un ouvrage répondant aux exigences fixées par l'acheteur qui exerce une influence déterminante sur sa nature ou sa conception. Un ouvrage est le résultat d'un ensemble de travaux de bâtiment ou de génie civil destiné à remplir par lui-même une fonction économique ou technique ; soit l'exécution, soit

conjointement la conception et l'exécution d'un ouvrage ou de travaux de bâtiment ou de génie civil répondant à des besoins précisés par le pouvoir adjudicateur qui en exerce la maîtrise d'ouvrage. Un ouvrage est le résultat d'un ensemble de travaux de bâtiment ou de génie civil destiné à remplir par lui-même une fonction économique ou technique ;
- ***les marchés publics de fournitures*** sont les marchés conclus avec des fournisseurs qui ont pour objet l'achat, la prise en crédit-bail, la location ou la location-vente de produits ou matériels ;
- ***les marchés publics de services*** sont les marchés conclus avec des prestataires de services qui ont pour objet la réalisation de prestations de services. Ils sont la catégorie résiduelle.

En cas de ***prestations mixtes***, la nature du marché dépendra de la prestation principale. Ainsi, un contrat portant tout à la fois sur la réalisation d'un casino dans un hôtel, l'exploitation de l'ensemble ainsi constitué et la réalisation de divers travaux, n'est pas un marché public de travaux dans la mesure où l'exécution des travaux présente seulement un caractère accessoire (*CJCE, 19 avril 1994, Gestion Hotelera International*).

En revanche, si la prestation est composée d'un objet de même nature mais soumise à des régimes de passation différents, ce n'est pas le principal et l'accessoire qui déterminent la procédure, mais la valeur respective des prestations. Ainsi, dans un marché de services composés de plusieurs types de prestations, c'est la prestation la plus coûteuse qui emportera l'application du régime de passation qui lui correspond (*CJCE, 14 novembre 2002, Felix Swoboda*).

■ Choix en fonction d'un critère matériel

Le choix de la procédure en fonction d'un critère matériel recouvre plusieurs hypothèses.

a) Marchés publics de services sociaux et autres services spécifiques

La procédure adaptée spéciale s'applique aux services sociaux et à une série d'autres services visés dans un avis du 27 mars 2016 publié au journal officiel. Cet avis établit une liste de ces services comprenant les services sanitaires, sociaux et connexes, les services administratifs, sociaux, éducatifs et culturels et soins de santé, les services de sécurité sociale obligatoire dont les services de prestations sociales et familiales, indemnités de maladie, de maternité, d'invalidité, d'incapacité temporaire, de chômage, allocations familiales, les autres services communautaires, sociaux et personnels, y compris services fournis par les syndicats, les organisations politiques, les associations de jeunes et autres services des organisations associatives, les services religieux, les services d'hôtellerie et de restauration (Services d'hôtellerie, d'hébergement, de camping, de centres aérés, de colonies de vacances, de wagons-lits, de restaurant, de débit de boisson...], les services de cantine, de restauration scolaire, de traiteur et de livraison de repas, les services administratifs et publics dont les services de l'administration publique, du législatif et de l'exécutif, les services administratifs relatifs aux activités des entreprises et aux projets de développements et services administratifs d'agences, les services administratifs du logement, ceux dans le secteur du tourisme, les services d'appui aux pouvoirs publics, services de pouvoirs publics, les prestations de services pour la collectivité Affaires étrangères, défense, protection civile, justice, les services liés à l'administration pénitentiaire, services de sécurité publique et de secours Services d'enquête et de sécurité, les services internationaux, services postaux et divers services tel que le rechapage de pneus et les travaux de forge.

À ces hypothèses, il faut ajouter les services juridiques liés à la représentation en justice.

b) Urgence impérieuse

L'urgence, lorsqu'elle caractérise la satisfaction du besoin, peut justifier le recours à une procédure dérogatoire. Ainsi, suivant l'article 30-I 1o du décret du 25 mars 2016, l'urgence impérieuse justifie le recours aux procédures négociées sans publicité préalable et sans mise en concurrence. L'urgence est impérieuse lorsqu'elle résulte de circonstances imprévisibles pour le pouvoir adjudicateur et n'est pas de son fait, et lorsque les conditions de passation ne sont pas compatibles avec les délais exigés par les procédures formalisées. Cette procédure a été notamment prévue pour faire face aux risques sanitaires dont certaines hypothèses sont visées par le décret qui fait référence au code de la santé publique, au code de la construction et de l'habitation et au code rural. Souvent utilisées à la suite de catastrophe naturelle, les procédures négociées sans publicité ni mise en concurrence n'ont que rarement été admises par le juge administratif qui n'a pas retenu la qualification d'urgence impérieuse. Ainsi, les travaux de renforcement d'un transformateur, rendus nécessaire par de fréquentes coupures de courant électrique ne peuvent être regardés comme revêtant un caractère d'urgence impérieuse motivée par des circonstances imprévisibles (*CE, 23 février 1990, Commune de Morne-à-l'Eau*).

De même, les travaux consécutifs au passage d'une dépression tropicale du mois de janvier ne sauraient justifier une urgence impérieuse qui nécessite la procédure d'une passation spécifique au mois d'août (*CE, 26 juillet 1991, Commune de Sainte-Marie de la Réunion*).

Dès lors que « *le respect des délais exigés dans les procédures d'appel d'offres ne permettait pas de commencer en urgence des travaux indispensables à la reconstruction, à réaliser à Bollène, avant la survenue de nouvelles intempéries compte tenu notamment de ce que, en raison des intempéries généralisées et de l'importance de travaux urgents à réaliser dans la région, peu d'entreprises étaient susceptibles de répondre rapidement à l'appel des candidatures, [...] c'est à tort que les premiers juges ont estimé que la condition d'urgence impérieuse n'était pas remplie* » (*CAA de Marseille, 12 mars 2007, Commune de Bollène*).

En toute hypothèse, le marché public est limité aux prestations strictement nécessaires pour faire face à la situation d'urgence.

c) Complexité ou spécificité

Par ailleurs, des difficultés tenant à la définition du besoin et des termes de l'exécution du marché justifient à plusieurs titres le recours à des procédures dérogatoires.

Ainsi peut-il être recouru à une procédure concurrentielle avec négociation ou au dialogue compétitif lorsque le besoin ne peut être satisfait sans adapter des solutions immédiatement disponibles ou s'il nécessite de chercher une solution innovante. Dans cette dernière hypothèse, sont innovants les travaux, fournitures ou services nouveaux ou sensiblement améliorés. Le caractère innovant peut consister dans la mise en œuvre de nouveaux procédés de production ou de construction, d'une nouvelle méthode de commercialisation ou d'une nouvelle méthode organisationnelle dans les pratiques, l'organisation du lieu de travail ou les relations extérieures de l'entreprise. Ces mêmes procédures peuvent être empruntées lorsque le marché comporte des prestations de conception ou ne peut être attribué sans négociation préalable du fait de circonstances particulières liées à sa nature, à sa complexité ou au montage juridique et financier ou en raison des risques qui s'y rattachent ou encore lorsque le pouvoir adjudicateur n'est pas en mesure de définir les spécifications techniques avec une précision suffisante en se référant à une norme, une évaluation technique européenne, une spécification technique commune ou un référentiel technique.

d) Infructuosité

Lorsqu'une procédure d'appel d'offres ou de MAPA a été déclarée infructueuse, il est possible de recourir soit à une procédure de dialogue compétitif ou concurrentielle avec négociation, soit à une procédure négociée sans publicité, ni mise en concurrence. Le choix entre ces deux options dépend des motifs de l'infructuosité.

Lorsque l'infructuosité se déduit d'offres irrégulières, inacceptables ou inappropriées, il peut être recouru à une procédure de dialogue compétitif ou concurrentielle avec négociation

– une ***offre irrégulière*** est une offre qui, tout en apportant une réponse au besoin du pouvoir adjudicateur, est incomplète ou ne respecte pas les exigences formulées dans l'avis d'appel public à la concurrence ou dans les documents de la consultation ou qui méconnaît la législation applicable notamment en matière sociale et environnementale. Est notamment irrégulière une offre qui, à défaut de contenir toutes les pièces ou renseignements requis par les documents de la consultation, est incomplète. Ainsi, le règlement de la consultation imposant aux candidats de renseigner l'annexe 1 au cahier des clauses techniques particulières (CCTP) relative notamment aux caractéristiques du véhicule de salage et de déneigement qu'ils se proposaient de mettre à disposition pour exécuter les prestations du marché et prévoyant que la valeur technique des offres s'apprécierait au regard de ces renseignements, obligeait le candidat soit à justifier qu'ils disposaient déjà de ce matériel à la date de remise de leur offre soit de justifier qu'ils en disposeraient pour l'exécution du marché. Dès lors, l'entreprise choisie par le département, qui n'avait fourni qu'un simple devis signé obtenu auprès d'un garage et revêtu de la mention « lu et approuvé », ne justifiait pas qu'elle avait entrepris des démarches suffisantes en vue de disposer effectivement d'un véhicule de salage et de déneigement pour le commencement de l'exécution du marché (*CE, 12 janvier 2011, Département du Doubs*) ;

– une ***offre est inacceptable*** si le prix excède les crédits budgétaires alloués au marché public tels qu'ils ont été déterminés et établis avant le lancement de la procédure ;

– une ***offre inappropriée*** est une offre sans rapport avec le marché public parce qu'elle n'est manifestement pas en mesure, sans modification substantielle, de répondre au besoin et aux exigences de l'acheteur formulés dans les documents de la consultation.

Lorsque l'infructuosité se déduit de l'absence d'offres ou des offres irrecevables ou inappropriées, il peut être passé une procédure négociée sans publicité ni mise en concurrence. Une offre irrecevable est une offre faite par un candidat ou un soumissionnaire se trouvant dans un cas d'interdiction de soumissionner, ne satisfaisant pas aux conditions de participation fixées par l'acheteur ou ne pouvant produire dans le délai imparti les documents justificatifs, les moyens de preuve, les compléments ou explications requis par l'acheteur.

Dans cette hypothèse, le pouvoir adjudicateur n'est pas tenu de publier un avis de marché s'il ne fait participer à la procédure que le ou les soumissionnaires qui ont présenté des offres conformes aux exigences relatives aux délais et modalités formelles de l'appel d'offres.

L'infructuosité d'un marché est appréciée en fonction de la diligence et des précautions prises par le pouvoir adjudicateur pour éviter une telle situation. Le juge s'assure que l'appel d'offres initial a été lancé dans des conditions devant normalement en assurer la réussite. Par ailleurs, le juge contrôlera le caractère inacceptable des offres en fonction du caractère réaliste des estimations financières préalables menées par le pouvoir adjudicateur. Ainsi, un écart financier trop important entre les offres et l'estimation, pourrait constituer un indice pouvant conduire à considérer que le caractère infructueux de l'appel d'offres ne pouvait légalement justifier le recours à une procédure négociée dans la mesure où celle-ci est en partie le fait du pouvoir adjudicateur (*CE, 29 décembre 1997, Préfet de la Seine-et-Marne c/OPAC de Meaux*).

e) Marchés complémentaires, supplémentaires, subsidiaires ou similaires

Des marchés négociés sans mise en concurrence et sans publicité peuvent être passés pour des marchés complémentaires, similaires ou subsidiaires.

Les ***marchés complémentaires*** sont les marchés passés de gré à gré lorsque le changement de fournisseur obligerait le pouvoir adjudicateur à acquérir un matériel technique différent entraînant une incompatibilité avec le matériel déjà acquis ou des difficultés techniques d'utilisation et d'entretien disproportionnées et pour des marchés de travaux et de services qui consistent en des prestations qui ne figurent pas dans le marché initialement conclu, mais qui sont devenues nécessaires à la suite d'une circonstance imprévue. Plafonnés à 50 % du montant du marché principal, ces marchés doivent en outre ne pas dépasser, sauf cas dûment justifié, trois ans, périodes de reconduction comprises.

Cette hypothèse rejoint le régime des modifications de marchés, passées pour des besoins ***supplémentaires*** présentant ces mêmes caractéristiques. Cependant, la modification contractuelle présente l'intérêt de pouvoir modifier plusieurs fois le marché initial pour un montant pouvant aller chaque fois jusqu'à 50 % et sans limitation de durée dès lors que ces modifications n'ont pas pour objet de contourner les procédures de mise en concurrence.

Sont en outre, passés dans les mêmes conditions, les ***marchés subsidiaires*** lorsque pour des motifs techniques tels que notamment l'acquisition ou la location d'une partie minoritaire et indissociable d'un immeuble à construire assortie de travaux répondant aux besoins de l'acheteur qui ne peuvent être réalisés par un autre opérateur économique que celui en charge des travaux de réalisation de la partie principale de l'immeuble à construire.

Enfin, sont des ***marchés similaires***, les marchés publics de travaux ou de services ayant pour objet la réalisation de prestations similaires à celles qui ont été confiées au titulaire d'un marché public précédent passé après mise en concurrence. Le premier marché public doit avoir indiqué la possibilité de recourir à cette procédure pour la réalisation de prestations similaires. Sa mise en concurrence doit également avoir pris en compte le montant total envisagé, y compris celui des nouveaux travaux ou services. Lorsqu'un tel marché public est passé par un pouvoir adjudicateur, la durée pendant laquelle les nouveaux marchés publics peuvent être conclus ne peut dépasser trois ans à compter de la notification du marché public initial.

f) Les marchés de maîtrise d'œuvre

Un maître de l'ouvrage peut confier une mission de maîtrise d'œuvre à une personne de droit privé ou à un groupement de personnes de droit privé pour apporter une réponse architecturale, technique et économique en vue de la réalisation d'un ouvrage ou d'un projet urbain ou paysager suivant la définition qu'en donne la loi MOP.

Les marchés de maîtrise d'œuvre sont historiquement des marchés passés suivant des procédures de concours. Celle-ci reste le mode de sélection privilégié puisque lorsque leur montant est supérieur aux seuils de procédure formalisée, les marchés passés par l'État, ses établissements publics à caractère autre qu'industriel et commercial, les collectivités territoriales, leurs établissements publics et leurs groupements lorsqu'ils agissent en tant que pouvoir adjudicateur sont passés selon la procédure du concours suivie d'une négociation restreint. Cependant, le pouvoir adjudicateur n'est pas tenu de recourir au concours de maîtrise d'œuvre si le marché est relatif à la réutilisation ou à la réhabilitation d'ouvrages existants, à des ouvrages réalisés à titre de recherche, d'essai ou d'expérimentation, qu'il ne confie aucune mission de conception au titulaire ou qu'il est relatif à des ouvrages d'infrastructures. Il n'est pas tenu non plus de retenir cette procédure lorsque l'acheteur n'est pas l'État, ses établissements publics à caractère autre qu'industriel et commercial, les collectivités territoriales, leurs établissements publics et leurs groupements lorsqu'ils agissent en tant que pouvoir adjudicateur. Il pourra être suivi une procédure de MAPA ou de marché négocié sans publicité ni mise en concurrence lorsqu'ils entrent dans les champs d'application respectifs de chacune de ces procédures.

Pour toutes les autres hypothèses, il doit être déduit que les marchés de maîtrise d'œuvre sont passés en procédure adaptée. Lorsque l'acheteur est soumis à la loi MOP et organise un concours, les opérateurs économiques qui ont remis des prestations conformes au règlement du concours bénéficient d'une prime. Le montant de cette prime est égal au prix estimé des études à effectuer par les candidats affectés d'un abattement au plus égal à 20 %. La prime est allouée aux candidats sur proposition du jury. Lorsque l'acheteur n'y est pas soumis ou lorsqu'il n'organise pas de concours, les participants qui ont remis des prestations conformes aux documents de la consultation bénéficient d'une prime dont le montant est librement défini par l'acheteur. Dans tous les cas, le montant de la prime est indiqué dans les documents de la consultation et la rémunération du titulaire du marché public de maîtrise d'œuvre tient compte de la prime reçue pour sa participation à la procédure.

g) Les marchés globaux

Les marchés globaux recouvrent deux hypothèses : les marchés de conception-réalisation et les marchés de performance énergétiques. Les premiers qui répondaient auparavant à une procédure propre sont désormais passés soit par une procédure concurrentielle avec négociation, soit par la procédure de dialogue compétitif. S'agissant des marchés globaux de performance, ils sont passés par une procédure concurrentielle avec négociation.

h) Les partenariats d'innovation

Le partenariat d'innovation a pour objet la recherche et le développement de produits, services ou travaux innovants ainsi que l'acquisition des produits, services ou travaux en résultant et qui répondent à un besoin ne pouvant être satisfait par l'acquisition de produits, services ou travaux déjà disponibles sur le marché.

Les partenariats d'innovation d'un montant égal ou supérieur aux seuils de procédure formalisée sont passés selon la procédure concurrentielle avec négociation ou la procédure négociée avec mise en concurrence préalable. Il faut déduire *a contrario* qu'en dessous des seuils des procédures formalisées, les partenariats sont passés en procédure adaptée.

i) Hypothèses diverses

Des marchés négociés avec publicité et mise en concurrence peuvent être passés lorsque la détermination préalable et globale du prix du marché est affectée par un aléa qui empêche la fixation au moment de la passation du marché.

En outre, il peut être recouru à des procédures négociées avec publicité et avec mise en concurrence s'agissant de marchés de travaux conclus uniquement à des fins de recherche, d'essai, d'expérimentation ou de mise au point sans finalité commerciale immédiate, et sans publicité et sans mise en concurrence pour les marchés de fournitures concernant des produits fabriqués à ces mêmes fins.

Enfin, des marchés négociés peuvent être conclus sans publicité et mise en concurrence lorsqu'ils ne peuvent être attribués qu'à un opérateur économique déterminé, pour des raisons techniques, artistiques ou tenant à la protection de droits d'exclusivité, lorsque le marché a pour objet l'achat de matières premières cotées et achetées en bourse ou bien encore l'achat de fournitures à des conditions particulièrement avantageuses, soit auprès d'un fournisseur en cessation définitive d'activité, soit auprès des liquidateurs d'une faillite ou d'une procédure de même nature.

Ainsi, le Conseil d'État a considéré que si l'acquisition de billets pour un match de foot dont seul le club était distributeur constitue des marchés publics au sens du Code des marchés publics, s'agissant toutefois de prestations ayant nécessairement un caractère unique, une mise en concurrence pour l'achat spécifique de ces billets s'avérait impossible au sens des dispositions précitées de l'article 28 du Code des marchés publics de sorte que le département du Rhône a pu légalement décider que les marchés seraient passés en l'absence de publicité et de mise en concurrence préalable, sans méconnaître les principes de liberté d'accès à la commande publique et d'égalité de traitement des candidats (*CE, 28 janvier 2013, Département du Rhône*).

Enfin, suivant une formule qui devrait donner une large place à l'interprétation jurisprudentielle, le décret introduit l'hypothèse de marchés négociés sans publicité, ni mise en concurrence lorsque leur valeur estimée est inférieure aux seuils européens et que la mise en concurrence est impossible ou manifestement inutile en raison notamment de son objet ou du faible degré de concurrence dans le secteur considéré.

■ *Choix en fonction d'un critère financier*

Suivant l'objet du marché, le pouvoir adjudicateur doit se livrer à l'évaluation du besoin en fonction de laquelle il déduit la procédure qu'il doit suivre.

a) Procédures conditionnées à la valeur du besoin

Le choix d'une procédure en fonction d'un critère financier permet principalement de choisir entre deux procédures : la procédure d'appel d'offres et la procédure adaptée.

Le choix entre la procédure d'appel d'offres et la procédure adaptée est différent selon la nature du marché et le pouvoir adjudicateur. En dessous de 25 000 euros hors taxes, le décret du 25 mars 2016 prévoit que l'acheteur veille à choisir une offre pertinente, à faire une bonne utilisation des deniers publics et à ne pas contracter systématiquement avec un même opérateur économique lorsqu'il existe une pluralité d'offres susceptibles de répondre au besoin.

1) Marchés de travaux

Les marchés publics de travaux, quel que soit le pouvoir adjudicateur, sont passés selon une procédure adaptée lorsque leur valeur est inférieure à 5 225 000 euros hors taxes. Au-delà de cette valeur, il doit être recouru à la procédure d'appel d'offres.

2) Marchés de fournitures et de services

Pour les marchés publics de fournitures et de services, il faut opérer une distinction selon que ces marchés sont passés par l'État ou des établissements publics nationaux, et les collectivités territoriales ou des établissements publics locaux. Dans la première hypothèse, les marchés sont passés selon une procédure adaptée lorsque leur valeur est inférieure à 135 000 euros hors taxes tandis que dans la seconde, ils peuvent être passés selon cette même procédure lorsque leur valeur est inférieure à 209 000 euros hors taxes.

Lorsque le marché est un marché de maîtrise d'œuvre, la procédure de mise en concurrence formalisée n'est pas l'appel d'offres mais le concours restreint. Ce cas de figure correspond aux marchés qui ont pour objet, en vue de la réalisation d'un ouvrage ou d'un projet urbain ou paysager, l'exécution d'un ou plusieurs éléments de mission définis par l'article 7 de la loi du

12 juillet 1985 relative à la maîtrise d'ouvrage publique. Ce dernier article dispose que « *le maître de l'ouvrage peut confier au maître d'œuvre tout ou partie des éléments de conception et d'assistance suivants : 1° Les études d'esquisse ; 2° Les études d'avant-projets ; 3° Les études de projet ; 4° L'assistance apportée au maître de l'ouvrage pour la passation du contrat de travaux ; 5° Les études d'exécution ou l'examen de la conformité au projet et le visa de celles qui ont été faites par l'entrepreneur ; 6° La direction de l'exécution du contrat de travaux ; 7° L'ordonnancement, le pilotage et la coordination du chantier ; 8° L'assistance apportée au maître de l'ouvrage lors des opérations de réception et pendant la période de garantie de parfait achèvement* ».

Il existe trois types de marchés de maîtrise d'œuvre :

- les marchés entrant dans le champ d'application de la loi MOP et de son décret ;
- les marchés n'entrant pas dans le champ d'application de la loi MOP et de son décret mais pour lesquels il a été décidé de s'y soumettre volontairement en se référant à un ensemble d'éléments de mission ou à un élément de mission isolé comme l'OPC (ordonnancement, pilotage, coordination) ou les études de diagnostic ;
- les marchés portant sur des ouvrages n'entrant pas dans le champ de la loi MOP ou sur des opérations d'urbanisme (projets urbains ou paysagers).

Marchés publics de travaux

<table>
<tr><th colspan="2">Seuils</th><th>0</th><th>25 000 € HT</th><th>5 225 000 € HT</th></tr>
<tr><td>Procédures</td><td>Tout pouvoir adjudicateur</td><td>Néant</td><td>Procédures adaptées (MAPA)</td><td>Appel d'offres</td></tr>
</table>

Marchés publics de fournitures de services

<table>
<tr><th colspan="2">Seuils</th><th>0</th><th>25 000 € HT</th><th>135 000 € HT</th><th>209 000 € HT</th></tr>
<tr><td rowspan="2">Procédures</td><td>État</td><td rowspan="2">Néant</td><td>MAPA</td><td colspan="2">Appel d'offres</td></tr>
<tr><td>Collectivités territoriales</td><td colspan="2">MAPA</td><td>Appel d'offres</td></tr>
</table>

b) Évaluation

Une question se pose lorsque la sélection de la procédure est conditionnée par un critère financier : il s'agit de savoir comment évaluer le besoin. Le problème essentiel réside dans la définition des contours de ce besoin. Plus il est apprécié globalement et plus sa valeur sera importante. Néanmoins, l'évaluation du besoin doit correspondre à une réalité technique ou économique qui limite, en sens inverse, une appréciation trop générale de la valeur des besoins d'une collectivité publique.

Le droit des marchés publics dispose que le pouvoir adjudicateur ne peut pas se soustraire à l'application du présent code en scindant ses achats ou en utilisant des modalités de calcul de la valeur estimée des marchés autres que celles prévues par le Code des marchés publics. En conséquence, l'évaluation du besoin doit être ***sincère et raisonnable*** (*CE, 14 mars 1997, Préfet des Pyrénées-Orientales c/Département des Pyrénées-Orientales*) en fonction des considérations de fait et de droit dont dispose le pouvoir adjudicateur à ce moment-là. En outre, la valeur du besoin à prendre en compte est celle estimée au moment de l'envoi de l'avis d'appel à la concurrence ou, en l'absence d'un tel avis, au moment où l'acheteur engage la procédure de passation du marché public. Plusieurs éléments doivent être pris en compte pour calculer la valeur du besoin. Ils peuvent varier selon qu'il s'agit de marchés de travaux ou de marchés de fournitures et de services.

L'évaluation du besoin est conditionnée par la prise en compte d'un critère personnel. Il consiste à déterminer l'échelle à la hauteur de laquelle le besoin doit être appréhendé. Cette question est pertinente uniquement pour l'État. Pour les collectivités territoriales et les établissements publics, l'échelle d'évaluation du besoin correspond à l'ensemble du besoin se manifestant dans l'ensemble des services de l'établissement ou de la collectivité territoriale. En revanche, pour l'État en raison de sa taille, un même besoin ne peut pas être évalué à l'échelle de l'appareil d'État, tout entier. Il faut donc calculer la valeur du besoin suivant des échelles infra-étatiques.

Le pouvoir adjudicateur reste l'État, mais l'évaluation du besoin se fait à la hauteur de la personne responsable du marché identifiée en fonction d'une délégation de compétence définie par arrêté ministériel. Ainsi, lorsqu'une préfecture a besoin d'acheter des véhicules, elle évalue ce besoin à l'échelle de la préfecture, alors même que celle-ci n'a pas de personnalité morale et n'est pas au sens du droit communautaire un pouvoir adjudicateur.

Un service centralisateur peut être désigné pour conclure un accord-cadre ou un marché à bons de commande, dans le cadre duquel chaque service pourra conclure son propre marché subséquent ou émettre des bons de commande, selon les termes fixés par le contrat conclu par le service centralisateur. Un ministère peut donc passer un marché ou un accord-cadre au niveau central, pour son compte et celui de différents services de l'État. Afin de faciliter la coordination des achats entre une administration centrale et ses services déconcentrés, il est possible de conclure un marché à bons de commande passé au niveau central et exécuté (par émission des bons de commande) au niveau déconcentré.

Les modalités de mise en œuvre de ce mécanisme de coordination sont laissées à la libre appréciation des pouvoirs adjudicateurs.

Quelle que soit la nature du marché, le montant estimé du besoin est déterminé sans que le nombre d'opérateurs économiques auxquels il est fait appel ou que le nombre de marchés à passer soit pris en compte.

Lorsqu'un achat peut être réalisé par lots séparés, est prise en compte la valeur globale estimée de la totalité de ces lots. Le pouvoir adjudicateur pourra ainsi décider de mettre en œuvre soit une procédure commune de mise en concurrence pour l'ensemble des lots, soit une procédure de mise en concurrence propre à chaque lot. Cette règle connaît une exception suivant laquelle des marchés, dont la valeur obligerait à passer une procédure formalisée, peuvent être passés suivant une procédure adaptée pour les lots inférieurs à 80 000 euros hors taxes dans le cas de marchés de fournitures et de services et dans le cas de marchés de travaux dont le montant est inférieur à 1 000 000 euros hors taxes. Pour cela, il faut que le montant cumulé de ces lots n'excède pas 20 % de la valeur de la totalité des lots. Dans le cas où un minimum et un maximum sont fixés, les 20 % s'appliquent au montant minimum du marché.

Cette dérogation peut également s'appliquer à des lots déclarés infructueux ou sans suite au terme d'une première procédure, ainsi qu'à des lots dont l'exécution est inachevée après résiliation du marché initial.

1) Marchés publics de travaux

Lorsqu'il s'agit d'un marché public de travaux, la valeur du besoin se calcule à la hauteur d'une ***opération***. Une opération de travaux consiste dans le fait de mettre en œuvre dans une période de temps et un périmètre limités, un ensemble de travaux caractérisé par son unité fonctionnelle, technique ou économique. L'opération prend en compte aussi bien la réalisation d'un ou plusieurs ouvrages que les fournitures nécessaires à leur réalisation. Il est donc préalable de définir la notion d'ouvrage qui constitue le cœur de l'opération. Si, avant le décret du 1er août 2006, les notions d'ouvrage et d'opérations ont été dissociées, il apparaît désormais que l'ouvrage est une composante de l'opération. Le besoin est évalué ainsi à la hauteur d'une opération qui peut comprendre seulement un ouvrage, auquel cas les notions d'opérations et d'ouvrages coïncideront. Mais l'opération peut aussi comprendre plusieurs ouvrages ainsi que la prise en compte des fournitures connexes nécessaires à la réalisation de ces ouvrages.

Un ouvrage est le résultat d'un ensemble de travaux de bâtiment ou de génie civil destiné à remplir par lui-même une fonction économique ou technique. Par exemple, la construction d'une salle des fêtes.

La difficulté de la qualification d'opération réside dans le fait que plusieurs ouvrages peuvent à des moments et des endroits plus ou moins rapprochés, être associés au sein d'une même opération. Ainsi, la réfection de trottoirs dans des quartiers différents d'une même commune à des dates différentes a pu être caractérisée comme étant plusieurs ouvrages d'une même opération (*CE, 26 septembre 1994, Préfet d'Eure-et-Loir*). Dès lors, la valeur du besoin devait être calculée en prenant en compte l'ensemble de travaux de réfection de tous les trottoirs de la commune. De même, a été jugé que les travaux d'étanchéité et de peinture effectués par le syndicat relevaient d'une seule et même opération puisqu'ils portaient sur les mêmes ouvrages avec un objet identique : la réfection et le fonctionnement des deux châteaux d'eau (*CE, 8 février 1999, Syndicat intercommunal des eaux de la Gâtine*).

L'association de plusieurs ouvrages dans une même opération dépend de leurs caractéristiques fonctionnelle, technique ou économique. Lorsque l'unité de ces caractéristiques se manifeste, l'ensemble des ouvrages doit être intégré dans une même opération. Ainsi, doit être déduit du fait que les réseaux d'électricité, intercommunaux sont interconnectables, et que la consultation et la coordination assurée par le syndicat d'électrification soient simultanées, que les travaux de renforcement ou d'extension du réseau sont, à l'échelle d'un département, une même opération (*CJCE, 5 octobre 2000, Syndicat d'électrification de la Vendée*).

2) Marchés publics de fournitures et de services

Les besoins en fournitures et services sont associés suivants leur ***homogénéité***. Auparavant, sous l'empire du Code des marchés publics du 7 mars 2001, l'homogénéité des fournitures et des services s'appréciaient en fonction d'une nomenclature. Mais, en raison des difficultés que posait l'utilisation de cette nomenclature, soit parce que certains besoins n'y figuraient pas, soit parce que certains besoins classés sous une même catégorie de la nomenclature pouvaient avoir des vocations différentes qui rendaient artificiels leur association, celle-ci a été supprimée. Elle n'est désormais qu'indicative, de sorte que les collectivités publiques s'appuient sur ses références pour fonder leur propre nomenclature. L'élaboration d'une nomenclature propre à chaque collectivité publique doit néanmoins respecter les dispositions du droit des marchés publics qui définissent la notion d'homogénéité. Ainsi, l'homogénéité des fournitures et des services est appréciée soit en raison de leurs caractéristiques propres, soit parce qu'ils constituent une unité fonctionnelle.

Si la satisfaction de ce besoin dépasse une année, sa valeur correspondra à la durée du marché. Si la durée est inférieure ou égale à un an, la valeur du besoin sera celle correspondant à la répétition de ce besoin pendant une année. Si le besoin ne se reproduit pas au cours de l'année, sa valeur sera celle de la satisfaction lorsqu'elle se pose de manière ponctuelle.

Le fait d'allotir un marché, de le fractionner par tranches conditionnelles ou au moyen de contrats reconductibles est sans effet sur l'estimation du besoin.

Pour les accords-cadres et les systèmes d'acquisition dynamiques, la valeur à prendre en compte est la valeur maximale estimée de l'ensemble des marchés à passer ou des bons de commande à émettre pendant la durée totale de l'accord-cadre ou du système d'acquisition dynamique.

Pour les partenariats d'innovation, la valeur à prendre en compte est la valeur totale estimée des activités de recherche et de développement qui doivent être menées au cours des différentes phases du partenariat ainsi que la valeur totale estimée des fournitures, services ou travaux innovants qui en sont le résultat et dont l'acquisition est envisagée.

Enfin, lorsqu'un projet d'investissement dépasse les 100 millions euros HT, la procédure de passation du marché public doit être précédée d'une évaluation du mode de réalisation du projet. Le montant d'investissement à prendre en compte est constitué de l'ensemble des dépenses effectuées par l'acheteur pour la réalisation du projet.

Cette évaluation comporte une présentation générale du projet, notamment son objet, l'historique, le contexte, ses enjeux et les caractéristiques de son équilibre économique et de l'acheteur, notamment ses compétences, son statut et ses capacités financières, une analyse comparative en valeur actualisée des différentes options de montages contractuels et institutionnels de la commande publique envisageables pour mettre en œuvre le projet.

L'information des opérateurs économiques

Chapitre 4

Engager une procédure de passation d'un marché public est un acte administratif. Si, pour l'État, aucune forme particulière n'est prévue pour l'autorisation de passation, en revanche, pour les collectivités territoriales, une délibération du conseil chargeant le pouvoir exécutif de conclure des marchés publics est préalablement obligatoire.

Suivant les articles L. 2122-22, L. 3221-11 et L. 4231-8 du CGCT, les exécutifs locaux peuvent être chargés par leur conseil, pour la durée de leur mandat, de prendre toute décision concernant la préparation, la passation, l'exécution et le règlement des marchés et des accords-cadres ainsi que toute décision concernant leurs avenants, lorsque les crédits sont inscrits au budget. Une fois le besoin défini par l'administration, le pouvoir adjudicateur doit informer le marché en suivant des mesures de publicité prévue par le droit des marchés publics puis en informant plus spécialement les opérateurs économiques qui seraient intéressés pour satisfaire ce besoin et donc présenter une candidature et une offre.

1 Publicité

L'information générale des opérateurs économiques au moyen de procédés de publicité est une étape complexe dont l'ensemble des termes est défini par l'ordonnance et le décret des marchés publics. Pour démêler l'écheveau de ces obligations, il faut distinguer les documents, les mentions qu'ils comportent et les conditions dans lesquelles ils doivent être diffusés. Le respect de ces obligations est essentiel, dans la mesure où désormais, une publicité inappropriée peut entraîner l'annulation du marché par un recours de plein contentieux, et cela sans faire courir les délais de prescription des recours contentieux (*CE ass., 16 juillet 2007, Société Tropic Travaux Signalisation*).

Documents de publicité

Le droit des marchés publics prévoit deux avis de publicité : l'avis de pré-information et l'avis de marché.

a) Avis de pré-information

L'avis de pré-information sert à informer le marché au préalable que le pouvoir adjudicateur passera dans l'année qui vient certains marchés publics. De la sorte, les opérateurs économiques sur les marchés concernés par cet avis de pré-information pourront anticiper et surveiller la survenance de ces besoins qui sera annoncée par un second type d'avis, l'avis de marché. L'avis de pré-information n'est pas obligatoire. Cependant, s'il est utilisé, il pourra permettre au pouvoir adjudicateur de réduire les délais de réception des offres lors de la passation de ses marchés.

Pour les marchés de fournitures et de services, cet avis indique le montant total estimé des marchés ou des accords-cadres pour chacune des catégories de produits ou de services homogènes que le pouvoir adjudicateur envisage de passer au cours des douze mois suivants la publication de l'avis.

Pour les marchés de travaux, l'avis indique les caractéristiques essentielles des marchés ou des accords-cadres que le pouvoir adjudicateur entend passer.

Les avis de pré-information se renseignent conformément au modèle fixé par le règlement de la Commission du 7 septembre 2005.

S'agissant des entités adjudicatrices, elles peuvent publier un avis périodique indicatif permettant de faire connaître leur intention de passer un marché public. Dans ces hypothèses, l'acheteur invite simultanément et par écrit tous les opérateurs économiques qui ont manifesté leur intérêt à le confirmer sur la base des informations détaillées relatives au marché public en question. Les précisions à apporter sont définies à l'article 37 du décret du 25 mars 2016.

b) Avis de marché

Les avis de marché antérieurement dénommés avis d'appel public à la concurrence sont les avis informant le marché du début d'une procédure de passation d'un marché public. Ils sont obligatoires. Cette dénomination peut être comprise comme une formule générale qui recouvre les avis d'appel public à concurrence et les avis de concours qui, bien que relevant d'un même régime, sont dissociés pour distinguer les documents de publicités dans les modes de sélections par concours et ceux utilisés dans les procures de passation de marché.

Il existe deux types de modèles d'avis, ceux portant avis de marché européen dont les modèles sont fixés par le règlement de la Commission européenne et ceux portant avis de marché national conformément aux modèles fixés par arrêté.

■ *Mentions contenues dans l'avis de publicité*

L'avis de publicité renseigne sur le pouvoir adjudicateur, sur l'objet du marché, sur les conditions relatives au marché, sur les conditions de candidature au marché et sur la procédure utilisée.

S'agissant de ***l'objet du marché***, les avis d'appel public à la concurrence identifient un besoin en fonction d'une nomenclature dite CPV (*Commun Procurement Vocabulary*) définie par un règlement communautaire. Ce document associe à chaque besoin un numéro auquel peut se rapporter tout candidat dans l'espace communautaire afin de ne pas commettre d'erreur de traduction lors de l'identification de l'objet du marché.

S'agissant des ***conditions relatives au marché***, les mentions relatives au prix ont suscité un certain nombre d'interrogations. Doivent notamment figurer, sous peine d'annulation du marché, les modalités essentielles de financement. Cette obligation « *doit être entendue comme imposant à la collectivité publique d'indiquer, même de manière succincte, la nature des ressources qu'elle entend mobiliser pour financer l'opération faisant l'objet du marché, qui peuvent être ses ressources propres, des ressources extérieures publiques ou privées, ou des contributions des usagers* » (*CE, 11 mai 2007, Région de la Guadeloupe*).

Suivant la décision du Conseil d'État selon laquelle « *aucune disposition du Code des marchés publics ni aucune autre règle ne mettent à la charge de la personne responsable du marché une obligation de publicité quant au montant prévisionnel du marché qu'elle entend attribuer* » (*CE, 1er juin 2005, Département de la Loire*), le Code des marchés publics prévoit que le pouvoir adjudicateur n'est pas tenu de faire figurer dans l'avis d'appel public à la concurrence une estimation du prix des prestations attendues. Cette disposition est conforme au droit communautaire dans la mesure où le pouvoir adjudicateur respecte par ailleurs les obligations de mentionner la valeur estimée du marché dans les avis de pré-information, dans le règlement de consultation pour les marchés de conception-réalisation et dans l'avis d'appel public à la concurrence pour les marchés de maîtrise d'œuvre.

Enfin, s'agissant des conditions de candidature et de sélection des offres, l'avis d'appel public à la concurrence mentionne les documents et renseignements exigibles des candidats et les critères en fonction desquelles leur candidature et leur offre seront analysées.

Ces avis sont généralement renseignés de manière minimale. N'y figurent que des informations obligatoires dans la mesure où la publication de ces renseignements, facturée à la ligne, fait peser sur les personnes publiques une charge financière importante. De la sorte, elles réduisent au maximum les renseignements à fournir, qu'elles complètent par une information complémentaire dans le règlement de consultation qu'elles remettront aux opérateurs économiques qui en feront la demande (cf. *infra*).

Conditions de publicité

Les conditions de publicité sont déterminées par la valeur du marché indépendamment de la procédure qu'elle impose.

a) La publicité adaptée

Entre 25 000 et 90 000 euros hors taxes, la ***publicité est dite « adaptée »***. De la sorte, le pouvoir adjudicateur choisit librement les modalités de publicité adaptées en fonction des caractéristiques du marché, notamment le montant et la nature des travaux en cause. Cette liberté laissée aux collectivités publiques n'est pas sans soulever un certain nombre d'interrogations :

- en premier lieu, ***toute publicité doit avoir pour objectif d'atteindre effectivement le marché concerné***. Dès lors, trop de publicité mal dirigée pourrait entraîner l'annulation du marché. Au contraire, même en l'absence de publication, une mise en concurrence complète des différents acteurs du marché pour la satisfaction d'un besoin d'un faible montant pourrait faire office de publicité adaptée ;
- en second lieu, ***une absence de publicité appropriée*** ne peut être relativisée par le fait qu'un des candidats potentiels aurait écho de la passation d'un marché, de manière incidente (*CE, 7 octobre 2005, Région Nord-Pas-de-Calais*) ;
- enfin, la publicité peut être jugée appropriée lorsque ***les mesures de publicité sont envisagées en fonction du rapport entre le coût de publicité et le montant estimé du marché***.

Suivant ce canevas, la publicité adaptée peut emprunter diverses voies. Il peut être procédé à la publicité de marché de procédures adaptées par voie d'affichage, *via* Internet ou par la publication dans un journal d'annonces légales :

- concernant ***l'affichage***, s'il n'est pas toujours adapté à l'organisation d'une mise en concurrence efficace, il est possible pour les collectivités d'habituer les fournisseurs au recours à ce support, en les informant dans un premier temps de son utilisation par le biais d'une publication préalable d'annonces, notamment dans l'organe d'information de la collectivité et/ou dans la presse écrite locale ;

– s'agissant du recours à ***Internet***, les acheteurs peuvent utiliser des profils d'acheteurs : le profil d'acheteur du pouvoir adjudicateur est le site dématérialisé auquel il a recours pour ses achats. Dans la mesure où un profil d'acheteur a une forte audience, on peut considérer ce moyen de publicité comme un moyen unique suffisant, sachant que la collectivité publique a procédé, préalablement, à une information générale des candidats potentiels sur son intention de publier ses avis par ce moyen. En revanche, pour des sites à audience plus réduite, il convient de ne considérer ce mode d'information que comme un moyen de publicité complémentaire venant appuyer une publication par voie de presse, même succincte, mais qui renverrait pour les détails à l'annonce mise en ligne (*Circ. 3 août 2006*).

La publicité ne signifie pas nécessairement publication (*CJCE, 21 juillet 2005, Consorzio Aziende Metano*). Il conviendra toutefois de démontrer, en l'absence de publication, que les entreprises susceptibles d'être intéressées ont été contactées, par tout moyen utile (courriel, fax...). Ainsi, pour un marché de faible montant, une demande de devis à quelques entreprises locales susceptibles de fournir la prestation, dont on gardera la trace, pourra être considérée comme suffisante.

b) La publicité nationale

Les marchés publics de travaux dont la valeur est comprise entre 90 000 et 5 225 000 euros hors taxes quel que soit le pouvoir adjudicateur, les marchés de fournitures et services de l'État dont le montant est estimé entre 90 000 et 135 000 euros hors taxes et ceux des collectivités territoriales estimés entre 90 000 et 209 000 euros hors taxe sont soumis à des obligations de publicités nationales.

Les avis de marchés sont publiés au *Bulletin officiel d'annonces des marchés publics* (BOAMP) ou dans un journal d'annonces légales. L'avis alors utilisé est celui prévu par l'arrêté en vigueur. Les journaux habilités sont ceux ayant reçu autorisation par arrêté ministériel de publier des annonces légales.

En outre, les marchés qui, en raison de leur nature et de leur montant, interviennent sur un secteur concurrentiel spécialisé doivent faire l'objet de mesures de publicité dans un journal spécialisé.

Une fois le marché informé de manière générale des nécessités de l'administration publique de satisfaire certains besoins, il convient d'informer plus particulièrement les opérateurs économiques concernés par les procédures engagées.

c) La publicité européenne

Au-delà des seuils des procédures de publicité nationale, les mesures de publicité doivent être assurées par la publication d'un avis suivant les modèles européens au *BOAMP* et au *Journal officiel de l'Union européenne*.

Les avis adressés au *BOAMP* et au *JOUE* pour les procédures d'achat dépassant les seuils européens doivent contenir les mêmes renseignements (*CE, 10 mai 2006, Syndicat intercommunal des services de l'agglomération valentinoise*).

2 Information des opérateurs demandeurs

Les opérateurs économiques intéressés par la procédure de passation d'un marché public peuvent s'adresser au pouvoir adjudicateur désigné par les avis de publicité pour obtenir l'ensemble des informations nécessaires pour présenter leur candidature et leur offre. L'ensemble des informations que le pouvoir adjudicateur transmet à l'opérateur économique qui en fait la demande est appelé, en pratique, ***dossier de consultation des entreprises*** (DCE).

Le dossier de consultation des entreprises est constitué de l'ensemble des documents et informations préparés par le pouvoir adjudicateur pour définir l'objet, les caractéristiques et les conditions d'exécution du marché.

On y trouve logiquement les cahiers des charges rédigés préalablement par le pouvoir adjudicateur et en fonction desquels les candidats formuleront leurs offres (cf. *supra*). Dans les procédures de dialogue compétitif, le pouvoir adjudicateur n'a pas élaboré de cahier des charges, mais un programme fonctionnel qu'il devra communiquer aux opérateurs économiques qui feront la demande de transmission du dossier de consultation des entreprises.

Aux cahiers des charges s'ajoute, dans les procédures formalisées, le règlement de consultation. Ce document sert à compléter et à préciser les informations contenues dans l'avis d'appel public à la concurrence. Ce que l'avis d'appel public à la concurrence ne contient pas, le règlement de consultation doit le préciser (*CE, 20 octobre 2006, Communauté d'agglomération Salon-étang de Berre-Durance*).

Les avis de marché étant généralement, pour des raisons financières, renseignés de manière minimaliste, les dossiers de consultation des entreprises comprennent un règlement de consultation. Cependant, si toutes les informations obligatoires sont renseignées dans l'avis de marché, le règlement de consultation est facultatif.

Dans les procédures adaptées, le règlement de consultation peut se limiter aux caractéristiques principales de la procédure et du choix de l'offre.

L'information du candidat peut être ***dématérialisée***. Dans toutes les procédures de passation des marchés publics, les communications et les échanges d'informations effectués peuvent être effectués par voie électronique. Suivant le régime prévu par le décret, il est fait référence aux avis d'appel public à la concurrence qui ne figurent pourtant plus au rang des avis de publicité. Le mode de transmission est indiqué dans l'avis d'appel à la concurrence ou, en l'absence d'un tel avis, dans les documents de la consultation.

Pour chaque étape de la procédure, les candidats et soumissionnaires appliquent le même mode de transmission à l'ensemble des documents qu'ils transmettent à l'acheteur. L'acheteur peut imposer la transmission des candidatures et des offres par voie électronique.

En outre, l'acheteur ne peut refuser de recevoir les candidatures et les offres transmises par voie électronique.

Toutefois, l'acheteur n'est pas tenu d'exiger l'utilisation de moyens de communication électronique, notamment, pour les MAPAS.

Quels que soient les modes de dématérialisation de transmission des documents et des informations, ils ne doivent avoir pour effet de restreindre l'accès des candidats aux procédures d'attribution. Dès lors, les transmissions, les échanges et le stockage d'informations sont effectués de manière à assurer l'intégrité des données et la confidentialité des candidatures et des offres.

La mise en concurrence

Chapitre 5

Une fois le marché informé des besoins de l'administration et des conditions dans lesquelles l'attribution du marché sera réalisée, les opérateurs économiques intéressés par l'attribution de ce marché présentent une candidature et une offre au pouvoir adjudicateur. Celui-ci, en fonction du régime spécifique à chaque procédure de passation, met en concurrence les candidatures et les offres. De cette mise en concurrence, il déduit de l'analyse et la comparaison des documents et des informations transmises au soutien de la candidature et de l'offre de chaque opérateur celui à qui il attribue le marché.

1 Instances compétentes

À l'instance de droit commun que sont les commissions d'appel d'offres, il faut ajouter le jury pour le concours et la procédure de conception-réalisation.

■ *Commission d'appel d'offres*

Depuis le décret du 2 septembre 2009, les commissions d'appel d'offres ont été supprimées pour l'État et les établissements publics nationaux.

Le non-respect des règles concernant la composition et le fonctionnement des commissions d'appels d'offres peut aboutir à l'annulation des marchés publics passés par elles (*CE, 13 mars 1998, Syndicat intercommunal d'adduction d'eau potable du Pont du Gard*). Les membres de la commission doivent par ailleurs faire preuve d'impartialité (*CE, 27 juillet 2001, Syndicat Intercommunal d'assainissement et de protection de l'environnement de Toulon, La Valette, La Garde, Le Pradet (SIAPE)*).

a) Composition

Le régime de la composition des commissions d'appels d'offres est relativement complexe. Le contentieux de leur composition relève du contentieux électoral (*CE, 28 septembre 2001, M. Dabin*).

1) Collectivités territoriales et établissements publics locaux

Qu'il s'agisse d'une région, d'un département ou d'une commune, la commission d'appel d'offres est composée du président du conseil ou du maire, ou de leurs représentants. La CAO comprend par ailleurs cinq membres du conseil, élus en son sein, à la représentation proportionnelle au plus fort reste. Chacun possède une voix délibérative et le Président ou le maire a en cas de partage égal des voix une voix prépondérante.

L'élection des membres titulaires et des suppléants a lieu sur la même liste, sans panachage ni vote préférentiel. Les listes peuvent comprendre moins de noms qu'il n'y a de sièges de titulaires et de suppléants à pourvoir. En cas d'égalité des restes, le siège revient à la liste qui a obtenu le plus grand nombre de suffrages.

Si les listes en cause ont également recueilli le même nombre de suffrages, le siège est attribué au plus âgé des candidats susceptibles d'être proclamés élus. Il est pourvu au remplacement d'un membre titulaire de la commission d'appel d'offres par le suppléant inscrit sur la même liste et venant immédiatement après le dernier titulaire élu de ladite liste. Le remplacement du suppléant, ainsi devenu membre titulaire, est assuré par le candidat inscrit sur la même liste, immédiatement après ce dernier. Il est procédé au renouvellement intégral de la commission d'appel d'offres lorsqu'une liste se trouve dans l'impossibilité de pourvoir, dans les conditions telles que prévues à l'alinéa précédent, au remplacement des membres titulaires auxquels elle a droit (*CE, 30 mars 2007, M. A.*).

Néanmoins, lorsqu'il s'agit d'une commune de moins de 3 500 habitants, les représentants du conseil municipal ne sont qu'au nombre de trois.

Dans les établissements publics de coopération intercommunale ou les syndicats mixtes, les commissions d'appels d'offres sont composées du président de cet établissement ou de ce syndicat ou son représentant, et d'un nombre de membres égal à celui prévu pour la composition de la commission de la collectivité au nombre d'habitants le plus élevé, élus, en son sein, par l'assemblée délibérante de l'établissement ou du syndicat. Toutefois, si ce nombre ne peut être atteint, la commission est composée au minimum d'un président et de deux membres élus par l'assemblée délibérante de l'établissement ou du syndicat.

Dans les autres établissements publics locaux, les CAO sont composées du représentant légal de l'établissement ou son représentant, et de deux à quatre membres de l'organe délibérant, désignés par celui-ci.

Enfin, lorsqu'il s'agit d'établissements publics de santé ou d'établissements publics sociaux ou médico-sociaux, le nombre, la composition et les modalités d'organisation et de fonctionnement de la commission d'appel d'offres ou des commissions d'appel d'offres sont arrêtées par le directeur de l'établissement après avis du conseil d'administration. En outre, chaque commission comporte obligatoirement au moins un membre désigné par le conseil d'administration en son sein ou parmi des personnalités qualifiées proposées par le directeur. Chaque commission comporte un nombre impair de membres.

En plus des membres titulaires, il est procédé à la désignation ou à l'élection de suppléants en nombre égal à celui des membres titulaires, à l'exception des établissements publics de coopération intercommunale et aux syndicats mixtes dont l'organe délibérant comporte moins de cinq membres. Lorsqu'il s'agit d'un établissement public de santé ou d'un établissement public social ou médico-social, le remplacement du titulaire peut s'effectuer soit par un suppléant déterminé, soit par un suppléant choisi parmi l'ensemble des représentants suppléants.

2) Groupements de commandes

Les commissions d'appels d'offres des groupements sont composées en fonction des personnes qui le constituent. L'État et ses établissements publics ont chacun un représentant. Les collectivités territoriales et leurs établissements, à l'exception des établissements publics de santé et des établissements publics sociaux ou médico-sociaux, ont un représentant de la commission d'appel d'offres de chaque membre du groupement, élu parmi ses membres ayant voix délibérative. Toutes les autres personnes présentes dans un groupement ont un représentant désigné selon les règles qui lui sont propres.

La commission d'appel d'offres est présidée par le représentant du coordonnateur. Pour chaque membre titulaire peut être prévu un suppléant.

Le président de la commission peut désigner des personnalités compétentes ou des agents des membres du groupement, compétents dans la matière qui fait l'objet de la consultation ou être assistée par des agents des membres du groupement. Il peut inviter le comptable du coordonnateur du groupement, si celui-ci est un comptable public et un représentant du directeur général de la concurrence, de la consommation et de la répression des fraudes. Leurs observations sont consignées au procès-verbal. Ces personnes ont voix consultative.

Dans l'hypothèse où le coordinateur du groupement de commandes se voit attribuer dans la convention constitutive la compétence de signer les marchés, il peut recourir à la commission d'appel d'offres qui est propre à sa personne.

b) Fonctionnement

Les convocations aux réunions des CAO et jury de concours sont adressées à leurs membres au moins cinq jours francs avant la date prévue pour la réunion.

Le quorum est atteint lorsque plus de la moitié des membres ayant voix délibérative sont présents.

Si, après une première convocation, ce quorum n'est pas atteint, la commission d'appel d'offres ou le jury est à nouveau convoqué. Ils se réunissent alors valablement sans condition de quorum.

La commission d'appel d'offres ou le jury dresse procès-verbal de ses réunions. Tous les membres de la commission ou du jury peuvent demander que leurs observations soient portées au procès-verbal.

En cas d'urgence impérieuse prévue dans les hypothèses de marchés négociés avec publicité et mise en concurrence, le marché peut être attribué sans réunion préalable de la commission d'appel d'offres.

Les réunions des CAO ne sont pas publiques.

c) Rôle

La fonction des CAO consiste dans ***l'analyse des candidatures et des offres*** remises par les candidats et la sélection des attributaires. À cette fin, elle peut être aidée par des agents du pouvoir adjudicateur compétents dans la matière qui fait l'objet de la consultation ou en matière de marchés publics.

De même peuvent participer, avec voix consultative, les membres du service technique, les personnalités désignées par le président de la commission en raison de leur compétence dans la matière qui fait l'objet de la consultation et pour les établissements publics de santé et les établissements publics sociaux et médico-sociaux, un représentant du directeur départemental des affaires sanitaires et sociales.

Lorsqu'ils y sont invités par le président de la commission d'appel d'offres, le comptable public et un représentant du directeur général de la concurrence, de la consommation et de la répression des fraudes peuvent participer, avec voix consultative, aux réunions de la commission d'appel d'offres. Leurs observations sont consignées au procès-verbal.

La CAO est l'instance de décision d'attribution des marchés publics dans les procédures formalisées.

Elle ouvre les enveloppes contenant les candidatures et les offres et en rapporte le contenu. Elle se livre à leur analyse suivant un temps propre à chaque procédure.

Pour les collectivités territoriales, l'attribution du marché devait faire l'objet d'une délibération en conseil. Cette obligation est désormais inutile sauf si le conseil en a décidé autrement au moment de la décision d'autoriser le Président du conseil ou le maire à engager une procédure.

■ *Jury de concours*

Le jury de concours est l'instance de délibération prévue lors de la passation d'une procédure de concours et de conception-réalisation. Sa composition doit marquer une indépendance au regard des participants.

S'agissant de la procédure de concours, les règles de composition et de fonctionnement sont les mêmes que pour les CAO. La différence réside dans la faculté offerte au Président du jury de nommer membres du jury des personnalités dont il estime la participation présentant un intérêt particulier au regard de l'objet du concours, sans que le nombre de ces personnalités puisse excéder cinq. Si une qualification professionnelle est exigée des candidats pour participer à un concours, au moins un tiers des membres du jury doivent avoir cette qualification ou une qualification équivalente.

S'agissant de la procédure conception-réalisation, le jury est composé, dans tous les cas, d'au moins un tiers de maîtres d'œuvre désignés par le président du jury. Ces maîtres d'œuvre sont indépendants des candidats et du pouvoir adjudicateur et sont compétents au regard de l'ouvrage à concevoir et de la nature des prestations à fournir pour sa conception.

Tous les membres du jury ont voix délibérative.

Le jury peut auditionner toute personne susceptible de lui apporter des informations utiles.

2 Temps des procédures

Les délais varient selon la procédure suivie. La pratique de la passation des marchés publics tend à consacrer la rédaction de stipulations fixant le délai de validité des offres à l'échéance duquel l'absence de conclusion du marché rend l'offre caduque. Ces clauses sont généralement rédigées de telle sorte que le délai de validité des offres soit de 120 jours.

Si ce délai reste suffisamment long pour attribuer le marché, il convient de ne pas négliger les accidents de parcours qui pourraient ralentir la procédure. Ainsi, l'attribution du marché à la suite d'une erreur s'étant traduite par le rejet injustifié d'une offre alors que le délai de validité de l'offre a expiré, oblige le pouvoir adjudicateur à procéder à une nouvelle mise en concurrence.

Les MAPA

Bien que les MAPA soient par nature exempts d'une formalisation procédurale qui imposerait ici des délais, il faut retenir néanmoins que le délai laissé aux candidats pour se présenter à l'attribution d'un marché doit être suffisant pour leur permettre de formuler une offre. Tel n'est pas le cas lorsque le délai ouvert entre la date de publication de l'avis d'appel public à concurrence et la date limite de remise des offres compte tenu du montant du marché de 160 000 euros n'est que de dix-huit jours (*CE, 5 août 2009, Région Centre*).

Appel d'offres ouvert

La procédure d'appel d'offres ouvert est la procédure de droit commun.

Le délai de réception des offres est celui prévu par l'avis de marché, dont dispose l'opérateur économique intéressé pour demander un dossier de consultation des entreprises et présenter en retour sa candidature et son offre.

Le délai de réception des offres ne peut être inférieur à ***trente-cinq jours*** à compter de la date d'envoi de l'avis de marché, ramené à trente jours si les candidatures et les offres sont ou peuvent être transmises par voie électronique.

Si l'acheteur a publié un avis de pré-information ou un avis périodique indicatif qui n'a pas été utilisé comme avis d'appel à la concurrence, ce délai minimal peut être ramené à quinze jours, lorsque l'avis de pré-information ou l'avis périodique indicatif a été envoyé pour publication trente-cinq jours au moins à douze mois au plus avant la date d'envoi de l'avis de marché et que cet avis contient les mêmes renseignements que ceux qui figurent dans l'avis de marché, pour autant que ces renseignements soient disponibles au moment de son envoi pour publication.

Lorsqu'une situation d'urgence, dûment justifiée, rend le délai des trente-cinq jours impossible à respecter, l'acheteur peut fixer un délai qui ne peut être inférieur à quinze jours à compter de la date d'envoi de l'avis de marché.

Le pouvoir adjudicateur dispose d'un délai de ***six jours*** maximum pour envoyer le dossier de consultation. Les délais peuvent faire l'objet d'une prolongation lorsque le pouvoir adjudicateur ne peut respecter le délai de six jours pour l'envoi du dossier de consultation des entreprises ou que la réception des offres est conditionnée à une visite sur les lieux d'exécution du marché, à la consultation sur place de documents complémentaires ou à des modifications importantes des documents de la consultation. Le cas échéant, les candidats sont informés du nouveau délai fixé de telle sorte que les délais de réception des offres soient suffisants pour permettre à tous les opérateurs économiques de prendre connaissance de toutes les informations nécessaires pour l'élaboration de leurs offres et que la durée de la prolongation soit proportionnée à l'importance des informations demandées ou des modifications apportées.

Les dossiers des candidats sont transmis par tout moyen permettant de déterminer de façon certaine la date et l'heure de leur réception et d'en garantir la ***confidentialité***.

■ *Appel d'offres restreint*

L'appel d'offres peut être restreint en ce que le pouvoir adjudicateur peut décider de limiter le nombre de candidats qui seront admis à présenter une offre. Cette décision est ***libre*** et elle est généralement inspirée par les caractéristiques du marché. La volonté de réduire le nombre de candidatures tient au caractère pléthorique du nombre d'offres sur certains marchés très concurrentiels ou bien à la complexité d'analyse des offres. De la sorte, le pouvoir adjudicateur limite le nombre de dossiers de consultation qu'il devra adresser aux candidats et, par conséquent, le nombre des offres qu'il devra comparer.

La différence majeure entre l'appel d'offres restreint et l'appel d'offres ouvert réside dans le fait que la présentation de l'offre ne se fait pas de manière conjointe à la présentation d'une candidature. La présentation de l'offre est réservée aux candidats dont la candidature aura été préalablement retenue. Ainsi, entre l'analyse des candidatures, et l'analyse des offres, le pouvoir adjudicateur adressera aux candidats retenus et seulement à ceux-ci une lettre de consultation à partir de laquelle ils pourront formuler leur offre.

La décision de restreindre l'appel d'offres est indiquée dans l'avis d'appel public à la concurrence. Il fixe alors un nombre minimum voire maximum de candidats admis à présenter une offre. En toute hypothèse, le nombre minimum ne peut être inférieur à cinq. Si le nombre de candidats est inférieur au nombre minimum, le pouvoir adjudicateur peut continuer la procédure avec les seuls candidats sélectionnés.

Les délais minimaux de réception des candidatures sont pour les pouvoirs adjudicateurs, de trente jours à compter de la date d'envoi de l'avis de marché ou, lorsque l'appel à la concurrence est effectué au moyen d'un avis de pré-information, à compter de la date d'envoi de l'invitation à confirmer l'intérêt.

Lorsqu'une situation d'urgence, dûment justifiée, rend ce délai minimal impossible à respecter, le pouvoir adjudicateur peut fixer un délai de réception des candidatures qui ne peut être inférieur à quinze jours à compter de la date d'envoi de l'avis de marché ou de l'invitation à confirmer l'intérêt.

Pour les entités adjudicatrices, ce délai est seulement de quinze jours à compter de la date d'envoi de l'avis de marché ou de l'invitation à confirmer l'intérêt.

Une fois le délai de réception des candidatures forclos, la commission d'appel d'offres se réunit pour examiner les candidatures et dresser une liste qui comprendra le nombre maximal de candidats admis dans l'avis d'appel public à la concurrence à présenter une offre. À compter de ce moment, une lettre de consultation est envoyée simultanément à tous les candidats retenus. Cette lettre de consultation correspond au dossier de consultation des entreprises que les candidats reçoivent dans les procédures ouvertes avant la présentation de leur candidature. Il y est mentionné la date et l'heure limites de réception des offres, l'adresse à laquelle elles sont transmises, la mention de l'obligation de les rédiger en langue française, les références de l'avis d'appel public à la concurrence publié, le cas échéant, la date limite pour demander des documents complémentaires et la liste des documents à fournir avec l'offre. S'agissant de la remise des offres, les délais minimaux de réception des offres sont, pour les pouvoirs adjudicateurs, de trente jours à compter de la date d'envoi de l'invitation à soumissionner ou vingt-cinq jours si les offres sont ou peuvent être transmises par voie électronique. Toutefois, si le pouvoir adjudicateur a publié un avis de pré-information qui n'a pas été utilisé comme avis d'appel à la concurrence, ce délai minimal peut être ramené à dix jours, lorsque l'avis de pré-information a été envoyé pour publication trente-cinq jours au moins à douze mois au plus avant la date d'envoi de l'avis de marché et qu'il contient les mêmes renseignements que ceux qui figurent dans l'avis de marché, pour autant que ces renseignements soient disponibles au moment de son envoi pour publication.

Lorsqu'une situation d'urgence, dûment justifiée, rend le délai minimal impossible à respecter, le pouvoir adjudicateur peut fixer un délai de réception des offres qui ne peut être inférieur à dix jours à compter de la date d'envoi de l'invitation à soumissionner.

Les pouvoirs adjudicateurs autres que les autorités publiques centrales dont la liste est publiée au Journal officiel de la République française peuvent fixer la date limite de réception des offres d'un commun accord avec les candidats sélectionnés, à condition que cette date soit la même pour tous. En l'absence d'accord sur la date limite de réception des offres, le pouvoir adjudicateur fixe un délai qui ne peut être inférieur à dix jours à compter de la date d'envoi de l'invitation à soumissionner.

Les entités adjudicatrices peuvent fixer la date limite de réception des offres d'un commun accord avec les candidats sélectionnés, à condition que cette date soit la même pour tous. En l'absence d'accord, les entités adjudicatrices fixent un délai qui ne peut être inférieur à dix jours à compter de la date d'envoi de l'invitation à soumissionner.

Il ne peut y avoir de négociation avec les soumissionnaires. Il est seulement possible de leur demander de préciser la teneur de leur offre.

Une fois le délai de réception des offres expiré, la commission d'appel d'offres procède à l'ouverture, à l'enregistrement et à l'analyse des offres. Le marché est attribué au candidat ayant présenté l'offre économiquement la plus avantageuse.

■ *Procédures concurrentielles avec négociation*

Le déroulement des procédures concurrentielles avec négociations suit celui des procédures d'appel d'offres, restreint, que le pouvoir adjudicateur ait décidé ou non de limiter, par ailleurs, le nombre de candidatures admises à présenter une offre. Le cas échéant, il sera fait mention dans l'avis d'appel public à la concurrence de cette décision et du nombre minimum, voire maximum, de candidats admis à présenter une offre. Ce nombre minimum ne peut ici être inférieur à trois. Le pouvoir adjudicateur négocie avec les soumissionnaires les offres initiales et toutes les offres ultérieures, à l'exception des offres finales. Il peut toutefois attribuer le marché public sur la base des offres initiales sans négociation, à condition d'avoir indiqué dans l'avis de marché ou dans l'invitation à confirmer l'intérêt qu'il se réserve la possibilité de le faire. Les exigences minimales et les critères d'attribution ne peuvent faire l'objet de négociations. La procédure concurrentielle avec négociation peut se dérouler en phases successives de manière à réduire le nombre d'offres à négocier en appliquant les critères d'attribution définis dans les documents de la consultation. Le pouvoir adjudicateur indique, dans l'un de ces documents, s'il fera usage de cette possibilité. Dans la phase finale de négociation, le nombre d'offres restant à négocier doit être suffisant pour assurer une concurrence réelle, pour autant qu'il y ait un nombre suffisant d'offres remplissant les conditions requises. La négociation est conduite dans le respect du principe d'égalité de traitement de tous les soumissionnaires. À cette fin, le pouvoir adjudicateur s'abstient de donner toute information susceptible d'avantager certains soumissionnaires par rapport à d'autres. Il informe par écrit tous les soumissionnaires dont les offres n'ont pas été éliminées, de tous les changements apportés aux spécifications techniques ou aux autres documents de la consultation, à l'exception de ceux qui définissent les exigences minimales. À la suite de ces changements, le pouvoir adjudicateur accorde aux soumissionnaires un délai suffisant et identique pour leur permettre de modifier leurs offres et, le cas échéant, de les présenter à nouveau.

Lorsque le pouvoir adjudicateur entend conclure les négociations, il en informe les soumissionnaires restant en lice et fixe une date limite commune pour la présentation d'éventuelles offres nouvelles ou révisées.

La procédure négociée avec mise en concurrence

La procédure négociée avec mise en concurrence préalable est la procédure par laquelle une entité adjudicatrice négocie les conditions du marché public avec un ou plusieurs opérateurs économiques autorisés à participer aux négociations.

Le délai minimal de réception des candidatures est de quinze jours à compter de la date d'envoi de l'avis de marché ou, lorsque l'appel à la concurrence est effectué au moyen d'un avis périodique indicatif, à compter de la date d'envoi de l'invitation à confirmer l'intérêt.

La date limite de réception des offres peut être fixée d'un commun accord avec les candidats sélectionnés, à condition que cette date soit la même pour tous. En l'absence d'accord, l'entité adjudicatrice fixe un délai qui ne peut être inférieur à dix jours à compter de la date d'envoi de l'invitation à soumissionner.

L'entité adjudicatrice peut attribuer le marché public sur la base des offres initiales sans négociation, à condition d'avoir indiqué dans l'avis de marché ou dans l'invitation à confirmer l'intérêt qu'elle se réserve la possibilité de le faire.

Procédure de dialogue compétitif

La procédure de dialogue compétitif dont le recours est notamment justifié par la complexité du besoin, suppose une expression succincte des besoins. Ainsi, les besoins et les exigences peuvent être définis exclusivement dans l'avis de marché. Ils peuvent être aussi complétés par un projet partiellement défini ou un programme fonctionnel.

Ici encore, le nombre de candidats admis à participer au dialogue compétitif peut être limité. Le cas échéant, le nombre minimum, voire maximum, de candidats pouvant participer, est mentionné dans l'avis d'appel public à la concurrence. Le nombre minimum ne peut être inférieur à trois.

Le délai minimal de réception des candidatures, en réponse à un avis de marché, est de trente jours à compter de la date d'envoi de l'avis. Comme dans les procédures d'appel d'offres restreint et les procédures négociées, une liste de candidats admis à participer au dialogue compétitif est arrêtée par la commission d'appel d'offres qui s'est réunie à l'échéance du délai prévu pour la réception des candidatures. Les candidats retenus sont admis à participer au dialogue compétitif après avoir reçu une invitation comprenant les mêmes documents que ceux exigés dans les lettres de consultation. Lorsqu'il estime que le dialogue est arrivé à son terme, l'acheteur en informe les participants restant en lice et les invite à présenter leur offre finale sur la base de la ou des solutions qu'ils ont présentées et spécifiées au cours du dialogue. Il vérifie que les offres finales comprennent tous les éléments requis et nécessaires pour la réalisation du projet. Des précisions, clarifications, perfectionnements ou compléments peuvent être demandés aux participants sur leur offre finale. Cependant, ces demandes ne peuvent avoir pour effet de modifier les aspects essentiels de l'offre finale, notamment les besoins et exigences indiqués dans les documents de la consultation, lorsque les modifications apportées sont susceptibles de fausser la concurrence ou d'avoir un effet discriminatoire.

■ *Concours*

Le concours qui n'est plus une procédure mais un mode de sélection, renvoie aux procédures de marchés adaptés suivant un processus propre suivi et complété par l'acheteur dans le respect des principes fondamentaux de la commande publique. Lorsque le concours est restreint, l'acheteur établit des critères de sélection clairs et non discriminatoires des participants au concours. Le nombre de candidats invités à participer au concours est suffisant pour garantir une concurrence réelle. Le jury examine les candidatures et formule un avis motivé sur celles-ci. Lorsque le concours est restreint, l'acheteur fixe la liste des candidats admis à concourir et les candidats non retenus en sont informés. Il examine les plans et projets présentés par les participants au concours de manière anonyme et en se fondant exclusivement sur les critères d'évaluation des projets définis dans l'avis de concours. Il consigne dans un procès-verbal, signé par ses membres, le classement des projets ainsi que ses observations et, le cas échéant, tout point nécessitant des éclaircissements et les questions qu'il envisage en conséquence de poser aux candidats concernés. L'anonymat des candidats peut alors être levé.

Le jury peut ensuite inviter les candidats à répondre aux questions qu'il a consignées dans le procès-verbal. Un procès-verbal complet du dialogue entre les membres du jury et les candidats est établi. L'acheteur choisit le ou les lauréats du concours au vu des procès-verbaux et de l'avis du jury et publie un avis de résultats de concours. Une prime est allouée aux participants qui ont remis des prestations conformes au règlement du concours. Le montant de la prime est librement défini par l'acheteur et est indiqué dans les documents de la consultation. Lorsqu'un marché public de services est attribué au lauréat ou à l'un des lauréats du concours, sa rémunération tient compte de la prime qu'il a reçue pour sa participation au concours.

■ *Les marchés de conception-réalisation*

Désignés comme des procédures sous l'empire du code des marchés publics, ils sont désormais une catégorie de marchés justifiés par des motifs d'ordre technique exigeant de faire appel aux moyens et à la technicité propres des opérateurs économiques.

Le régime procédural est celui des procédures de droit commun suivant le seuil des procédures formalisées et non formalisées.

Partenariats d'innovation

Les partenariats d'innovation appartiennent eux aussi à la catégorie des marchés particuliers qui ne sont pas des procédures génériques mais des processus d'achat impliquant une adaptation de procédures génériques.

Ici, soit, ils sont de valeur inférieure aux seuils des procédures formalisées et ils sont passés en MAPA, soit ils leurs sont supérieurs et sont passés selon la procédure concurrentielle avec négociation ou la procédure négociée avec mise en concurrence préalable.

L'acheteur peut décider de mettre en place un partenariat d'innovation avec un ou plusieurs opérateurs économiques qui exécutent les prestations de manière séparée dans le cadre de contrats individuels.

Le partenariat d'innovation comprend une ou plusieurs phases successives qui suivent le déroulement du processus de recherche et de développement et une ou plusieurs phases d'acquisition des produits, services ou travaux qui en sont le résultat.

La structure, la durée et la valeur des différentes phases du partenariat d'innovation tiennent compte du degré d'innovation de la solution proposée, de la durée et du coût des activités de recherche et d'innovation requises pour le développement de la solution innovante. La valeur estimée des produits, services ou travaux dont l'acquisition est envisagée n'est pas disproportionnée par rapport à l'investissement requis pour leur développement, quelle que soit la part des activités de recherche et de développement financée par l'acheteur.

Dans les documents de la consultation, l'acheteur définit le besoin relatif aux produits, services ou travaux innovants. Il indique les éléments de cette définition qui fixent les exigences minimales que doivent respecter toutes les offres. Les informations fournies sont suffisamment précises pour permettre aux opérateurs économiques de déterminer la nature et la portée de la solution requise et de décider de demander ou non à participer à la procédure.

Le partenariat d'innovation définit les objectifs de chaque phase que le partenaire doit atteindre ainsi que la rémunération associée à chaque phase.

À l'issue de chaque phase, sur la base des résultats obtenus, l'acheteur décide soit de poursuivre l'exécution du partenariat d'innovation, éventuellement après avoir précisé ou modifié, avec l'accord du partenaire, les objectifs de la phase suivante et les moyens à mettre en œuvre pour les atteindre, soit de mettre un terme au partenariat d'innovation ou, lorsqu'il existe plusieurs partenaires, de réduire leur nombre en mettant un terme à leurs contrats.

Le partenariat d'innovation mentionne cette prérogative de l'acheteur et définit les conditions de sa mise en œuvre, notamment ses conséquences financières et les modalités de sélection des partenaires avec lesquels il est décidé de poursuivre l'exécution du partenariat.

L'exécution de chaque phase est subordonnée à une décision de l'acheteur notifiée au partenaire dans les conditions fixées dans le partenariat d'innovation.

L'acheteur ne peut acquérir les produits, les services ou les travaux résultant des phases de recherche et de développement que s'ils correspondent aux niveaux de performance et n'excèdent pas les coûts maximums prévus par le partenariat d'innovation. La répartition des droits de propriété intellectuelle, notamment quant aux résultats des phases de recherche et développement, est prévue dans le partenariat d'innovation.

L'acheteur ne peut attribuer le partenariat d'innovation sur la base des offres initiales sans négociation. Il négocie les offres initiales et toutes les offres ultérieures en vue d'en améliorer le contenu à l'exception des offres finales. Les critères d'attribution et les exigences minimales ne font pas l'objet de négociation.

La négociation peut se dérouler en phases successives à l'issue desquelles certains soumissionnaires sont éliminés par application des critères d'attribution définis dans les documents de la consultation. L'acheteur indique, dans l'un de ces documents, s'il fera usage de cette possibilité. Il informe, à l'issue de chaque phase, tous les soumissionnaires dont l'offre n'a pas été éliminée des changements apportés aux documents de la consultation et leur accorde un délai suffisant pour leur permettre de modifier leur offre et, le cas échéant, de la présenter à nouveau.

La sélection

Chapitre 6

La mise en concurrence se divise en deux étapes distinctes : la sélection des candidatures et celle des offres. Néanmoins, la dissociation de l'examen des candidatures et des offres n'est plus aussi nette que naguère non seulement parce que certaines dispositions en relativisent la portée mais aussi parce que d'autres sont susceptibles de créer de la confusion.

Ainsi en est-il de la suppression de la règle de la double enveloppe en 2008 ou encore dans le décret du 25 mars 2016, de la possibilité d'inverser la chronologie de l'examen de candidature et des offres. Ainsi, suivant l'article 68 de ce décret, l'acheteur peut décider d'examiner les offres avant les candidatures dès lors qu'il s'assure que la vérification de l'absence de motifs d'exclusion et du respect des critères de sélection s'effectue de manière impartiale et transparente, afin que le marché public ne soit pas attribué à un soumissionnaire qui aurait dû être exclu ou qui ne remplit pas les critères de sélection établis par l'acheteur.

1 Sélection des candidatures

La sélection des candidatures est une étape exigeante mais généralement peu discriminante. La commission d'appel d'offres doit arrêter une liste de candidats admis à poursuivre la procédure. Les candidatures, uniques ou groupées, doivent démontrer une capacité générale à soumissionner à la passation de marchés publics et une capacité particulière à répondre à l'objet du marché.

L'analyse des candidatures pourrait être appréciée en deux temps. En premier lieu, elle consiste à éliminer tous les soumissionnaires dont la candidature n'est pas recevable. En second lieu, elle consiste à identifier les candidats qui ont une capacité suffisante pour répondre à l'objet particulier du marché. Bien que dans les relations contractuelles civiles et commerciales, l'*intuitu personae* occupe une place importante, dans les relations contractuelles sous l'empire du droit des marchés publics, les candidatures ne sont généralement pas discriminantes, de telle sorte que l'essentiel des analyses opérées par les commissions d'appels d'offres se porte non pas sur les candidatures, mais sur les offres.

■ *La recevabilité*

a) Le formalisme

Avant de procéder à l'examen des candidatures, le pouvoir adjudicateur, qui constate que des pièces dont la production est réclamée sont absentes ou incomplètes, peut demander à tous les candidats concernés de compléter leur dossier de candidature dans un délai identique pour tous et qui ne saurait être supérieur à dix jours. Il en informe les autres candidats qui ont la possibilité de compléter leur candidature dans le même délai.

Pour vérifier que les candidats satisfont aux conditions de participation à la procédure, l'acheteur peut exiger la production des renseignements et documents figurant sur une liste établie par arrêté du ministre chargé de l'Économie.

Si le candidat s'appuie sur les capacités d'autres opérateurs économiques, il justifie des capacités de ce ou ces opérateurs économiques et apporte la preuve qu'il en disposera pour l'exécution du marché public. Cette preuve peut être apportée par tout moyen approprié.

L'acheteur accepte comme preuve suffisante attestant de son aptitude les extraits de casier judiciaire, les extraits du registre pertinent ou, à défaut, des documents équivalent délivré par l'autorité judiciaire ou administrative compétente du pays d'origine ou d'établissement du soumissionnaire, attestant de l'absence de cas d'exclusion ou les certificats délivrés par les administrations et organismes compétents. Un arrêté des ministres intéressés fixe la liste des impôts, taxes, contributions ou cotisations sociales devant donner lieu à délivrance d'un certificat ainsi que la liste des administrations et organismes compétents.

Lorsque le candidat est en redressement judiciaire, le candidat produit la copie du ou des jugements prononcés.

Faute de documents justificatifs équivalents, les candidats peuvent être remplacés par une déclaration sous serment ou, dans les pays où une telle procédure n'existe pas, par une déclaration solennelle faite par l'intéressé devant une autorité judiciaire ou administrative, un notaire ou un organisme professionnel qualifié de son pays d'origine ou d'établissement.

Lorsqu'il demande à un candidat de fournir un certificat, une attestation ou tout autre document prouvant qu'une exigence a été satisfaite, l'acheteur accepte tout document équivalent d'un autre État membre de l'Union européenne. Il n'impose pas la fourniture de documents sous forme d'original, de copie certifiée conforme ou de traduction certifiée, sauf lorsque cela est justifié par une raison impérieuse d'intérêt général.

Les directives « Marché » du 26 février 2014 prévoient la mise en place d'un document unique de marché européen (DUME) consistant en une déclaration sur l'honneur, actualisée à titre de preuve *a priori* en lieu et place des certificats délivrés par des autorités publiques ou des tiers pour confirmer que l'opérateur économique concerné remplit les conditions de capacités générales exigées par la directive.

En ce qui concerne les conditions de participation, l'acheteur indique dans les documents de la consultation s'il autorise les candidats à se limiter à indiquer dans le document unique de marché européen qu'ils disposent de l'aptitude et des capacités requises sans fournir d'informations particulières sur celles-ci. En l'absence d'une telle mention, cette faculté n'est pas autorisée.

Les opérateurs économiques peuvent réutiliser un document unique de marché européen qui a déjà été utilisé dans une procédure antérieure, à condition de confirmer que les informations qui y figurent sont toujours valables.

L'acheteur peut exiger que ce document soit rédigé en français. Dans ce cas, il l'indique dans les documents de la consultation.

Pour les marchés publics passés par les pouvoirs adjudicateurs, les candidats inscrits sur une liste officielle d'opérateurs agréés d'un État membre de l'Union européenne ou munis d'un certificat délivré par un organisme de certification répondant aux normes européennes en matière de certification peuvent présenter au pouvoir adjudicateur un certificat d'inscription délivré par l'autorité compétente ou le certificat délivré par l'organisme de certification compétent, à condition que ces opérateurs soient établis dans l'État membre qui a dressé la liste officielle. Ces certificats indiquent les références qui leur ont permis d'être inscrits sur la liste officielle ou d'obtenir la certification, ainsi que la classification sur cette liste.

L'inscription certifiée par les organismes compétents sur des listes officielles ou le certificat délivré par l'organisme de certification constitue une présomption d'aptitude en ce qui concerne les interdictions de soumissionner et les conditions de participation couvertes par la liste officielle ou le certificat. Toutefois, en ce qui concerne la vérification de la régularité de la situation fiscale et sociale du candidat, un certificat supplémentaire peut être exigé lors de l'attribution du contrat.

b) La spécialité

La spécialité des sociétés est une condition de recevabilité des candidatures en fonction de l'objet du marché de sorte que la concurrence ne puisse se déployer qu'entre sociétés présentant le droit de fournir la prestation sollicitée.

Ainsi, s'agissant de l'attribution d'un marché d'expertise dans le domaine de la construction, les articles L. 111-25 et R. 111-31 du Code de la construction et de l'habitation, qui visent à garantir, dans l'intérêt des maîtres d'ouvrage, l'indépendance des contrôleurs techniques à l'égard des personnes et organismes exerçant une activité de conception, d'exécution ou d'expertise dans le domaine de la construction, ne s'appliquent qu'aux sociétés de contrôle technique et non aux sociétés exerçant d'autres activités dans le domaine de la construction, de sorte que la procédure de consultation ne saurait réserver l'attribution du marché aux entreprises de contrôle technique (*CE, 19 oct. 2012, École nationale supérieure de la Sécurité sociale*).

Dans ce même sens, un pouvoir adjudicateur ne peut réserver l'attribution d'un marché à un seul ordre professionnel lorsque d'autres professions sont susceptibles de prétendre à la réalisation des prestations sollicitées (*CAA Bordeaux, 18 déc. 2012, Département de la Réunion*).

Ainsi, le président du conseil général ne pouvait exiger que tous les soumissionnaires soient inscrits à l'ordre des géomètres-experts lorsque seule une partie des prestations demandées comptait au nombre de celles qui leur sont réservées (*CE, 30 juin 2004, Ministère de l'Équipement*).

Par ailleurs, à propos d'un marché de services juridiques, un marché impliquant de la consultation juridique ne se limite pas à la diffusion de renseignements et d'informations à caractère documentaire et ne peut être attribué à une société qui n'est habilitée à la pratique du droit qu'à titre accessoire ou principal au regard de la loi du 31 décembre 1971 (*CAA Nancy, 23 mars 2009, Société SVP*).

Le juge se détermine par rapport au périmètre des missions faisant l'objet de la spécialité. Ainsi, le Conseil d'État dans un arrêt du 10 février 2014 a considéré que la mission consistant à assister et à conseiller une personne publique afin de lui permettre de passer des marchés publics d'assurance et notamment de sélectionner les candidats dans le respect des dispositions du code des marchés publics n'a pas pour objet de présenter, de proposer ou d'aider à conclure un contrat d'assurance ou de réaliser d'autres travaux préparatoires à sa conclusion de sorte qu'elle ne peut ainsi être regardée comme une mission d'intermédiation entrant dans le champ d'application des dispositions du code des assurances qui définissent l'intermédiation comme étant l'activité qui consiste à présenter, proposer ou aider à conclure des contrats d'assurance ou de réassurance ou à réaliser d'autres travaux préparatoires à leur conclusion. Aussi, une mission d'assistance et de conseil pour la passation de marchés publics d'assurance n'a pas à être confiée qu'à un intermédiaire en assurance (*CE, 10 févr. 2014, Selarl Cabinet Henri Abecassis*).

c) L'aptitude

En ce qui concerne l'aptitude à exercer l'activité professionnelle, l'acheteur peut exiger que les opérateurs économiques soient inscrits sur un registre professionnel.

Cette information coïncide avec la nécessité d'être constitué légalement ou de ne pas faire l'objet d'une procédure de liquidation judiciaire ou d'une mesure de faillite personnelle ou d'une interdiction de gérer en application des articles L. 653-1 à L. 653-8 du Code de commerce, ou d'une mesure équivalente prévue par un droit étranger. En cas de procédure de redressement judiciaire, l'opérateur doit justifier avoir été habilitées à poursuivre leurs activités pendant la durée prévisible d'exécution du marché public.

d) Les obligations d'honorabilité

Les opérateurs économiques qui présentent une candidature à l'attribution d'un marché public doivent garantir des conditions ***d'honorabilité***. Ils y satisfont lorsqu'ils ne font pas l'objet d'interdictions de soumissionner aux marchés. Il faut pour cela qu'ils soient en conformité avec leurs obligations sociales et fiscales.

S'agissant des obligations d'honorabilité, les conditions de participations ont intégré certaines hypothèses qui emportaient des garanties particulières pour l'exécution des marchés en plus de l'interdiction de soumissionner à l'attribution d'un marché public lorsque l'opérateur a fait l'objet de certaines condamnations listées à l'article 45 et 46 (pour les marchés de défense et de sécurité) de l'ordonnance du 23 juillet 2015. Il s'agit essentiellement de condamnations définitives au titre des délits de corruption et d'infraction pénales au droit du travail.

En outre, ne peuvent candidater les personnes qui n'ont pas souscrit les déclarations leur incombant en matière fiscale ou sociale ou n'ont pas acquitté les impôts, taxes, contributions ou cotisations sociales exigibles dont la liste est fixée par voie réglementaire.

À ces prohibitions absolues, les acheteurs peuvent imposer des interdictions de soumissionner facultatives (art. 48 de l'Ord. marchés publ.). Ainsi peuvent être exclues les personnes qui, au cours des trois années précédentes, ont dû verser des dommages et intérêts, ont été sanctionnées par une résiliation ou ont fait l'objet d'une sanction comparable du fait d'un manquement grave ou persistant à leurs obligations contractuelles lors de l'exécution d'un contrat de concession antérieur ou d'un marché public antérieur, celles qui ont entrepris d'influer indûment sur le processus décisionnel de l'acheteur ou d'obtenir des informations confidentielles susceptibles de leur donner un avantage indu lors de la procédure de passation du marché public, ou ont fourni des informations trompeuses susceptibles d'avoir une influence déterminante sur les décisions d'exclusion, de sélection ou d'attribution, celles qui, par leur participation préalable directe ou indirecte à la préparation de la procédure de passation du marché public, ont eu accès à des informations susceptibles de créer une distorsion de concurrence par rapport aux autres candidats, lorsqu'il ne peut être remédié à cette situation par d'autres moyens, celles à l'égard desquelles l'acheteur dispose d'éléments suffisamment probants ou constituant un faisceau d'indices graves, sérieux et concordants pour en déduire qu'elles ont conclu une entente avec d'autres opérateurs économiques en vue de fausser la concurrence et celles qui, par leur candidature, créent une situation de conflit d'intérêts, lorsqu'il ne peut y être remédié par d'autres moyens.

Un opérateur économique ne peut être exclu que s'il a été mis à même par l'acheteur d'établir, dans un délai raisonnable et par tout moyen, que son professionnalisme et sa fiabilité ne peuvent plus être remis en cause et, le cas échéant, que sa participation à la procédure de passation du marché public n'est pas susceptible de porter atteinte à l'égalité de traitement.

Bien que le champ des exclusions se soit élargi, elles n'ont pas valeur nécessairement d'exclusion absolue puisque les acheteurs peuvent, à titre exceptionnel, autoriser un opérateur économique qui serait dans un cas d'interdiction de soumissionner à participer à la procédure de passation du marché public, à condition que cela soit justifié par des raisons impérieuses d'intérêt général, que le marché public en cause ne puisse être confié qu'à ce seul opérateur économique et qu'un jugement définitif d'une juridiction d'un État membre de l'Union européenne n'exclut pas expressément l'opérateur concerné des marchés publics.

■ *La capacité*

a) L'appréciation globale

Le droit des marchés publics ne reconnaît comme seul cocontractant, celui qu'il désigne comme étant le titulaire. Néanmoins, les relations contractuelles ne sont pas toujours bilatérales. Un tiers peut entrer dans la relation contractuelle parce que par exemple, il est mandataire, ou parce qu'il exécute une partie du marché obtenu par le titulaire. Pour résoudre ces hypothèses, le droit des marchés publics prévoit que des candidatures puissent être groupées. Cette hypothèse recouvre deux situations différentes : la cotraitance et la sous-traitance dont l'intérêt au stade de la mise en concurrence réside dans la possibilité de faire valoir les capacités du groupement globalement.

1) La cotraitance

Ce que nous désignons comme la cotraitance correspond aux groupements d'opérateur économique. Il s'agit d'un regroupement de plusieurs candidats pour présenter une seule offre par marché ou par lots.

Il existe plusieurs formes de groupement : les groupements solidaires et les groupements conjoints. Le ***groupement est conjoint*** lorsque chacun des opérateurs économiques membres du groupement s'engage à exécuter la ou les prestations qui sont susceptibles de lui être attribuées dans le marché. En revanche, le ***groupement est solidaire*** lorsque chacun des opérateurs économiques membres du groupement est engagé financièrement pour la totalité du marché.

Bien que le décret du 25 mars dispose que pour la présentation d'une candidature ou d'une offre, l'acheteur ne peut exiger que le groupement d'opérateurs économiques ait une forme juridique déterminée, reprenant la formulation de l'article 19 de la directive Marché, la pratique et la confusion entretenue par le décret du 25 mars pourrait laissé penser le contraire. En effet, l'article 45 II dispose que l'acheteur ne peut exiger que les groupements d'opérateurs économiques adoptent une forme juridique déterminée après l'attribution du marché public que dans la mesure où cela est nécessaire à sa bonne exécution. Une telle prescription ne déroge pas à l'interdiction initiale. Il faut pour cela l'entendre comme une transformation de la forme du groupement, rendu nécessaire par les conditions d'exécution du marché. Cependant, en ajoutant dans le décret, l'obligation suivant laquelle l'acheteur doit justifier cette exigence dans les documents de la consultation, leurs auteurs font perdurer une confusion regrettable qui laisse à penser que la forme juridique du groupement peut être imposée lors de la mise en concurrence, imposant un motif d'irrecevabilité contradictoire avec l'interdiction présentée plus tôt. Cette obligation qui ne figure pas dans la directive nous semble emporter un motif d'atteinte à la liberté d'accès à la commande publique et une inégalité de traitement. À ce titre, la jurisprudence de la CAA de Nantes semble toujours pertinente : Il ne devrait être exigé ni que les candidats soient groupés pour répondre, ni qu'ils ne le soient pas, ni que le groupement recouvre une forme juridique déterminée (*CAA de Nantes, 27 juin 2008, Communauté de Communes de la Plaine d'Argentan Nord*).

Quelle que soit la forme du groupement, l'un des opérateurs économiques membres du groupement, désigné dans l'acte d'engagement comme mandataire, représente l'ensemble des membres vis-à-vis du pouvoir adjudicateur, et coordonne les prestations des membres du groupement.

En cas de groupement conjoint, l'acte d'engagement est un document unique qui indique le montant et la répartition détaillée des prestations que chacun des membres du groupement s'engage à exécuter. En cas de groupement solidaire, l'acte d'engagement est un document unique qui indique le montant total du marché et l'ensemble des prestations que les membres du groupement s'engagent solidairement à réaliser.

Au-delà de la faculté de se porter candidat à un marché auquel un opérateur seul ne pourrait, en raison de sa spécialité ou de sa capacité, prétendre, le groupement momentané d'entreprise présente l'intérêt de pouvoir se prévaloir de capacités que l'on ne détient pas en propre (*CJCE, 2 décembre 1999, Holst Italia Spa*).

Néanmoins, les groupements d'entreprise ne doivent pas être un moyen de phagocyter la concurrence (*Cons. conc., 28 mars 2007 relative à des pratiques mises en œuvre à l'occasion de marchés publics de travaux routiers passés par le Conseil général de la Marne, la ville de Reims et le district de Reims*). Aussi, un même opérateur économique ne peut pas être mandataire de plus d'un groupement pour un même marché. De même, l'avis d'appel public à la concurrence ou le règlement de la consultation peut interdire aux candidats de présenter pour le marché ou certains de ses lots plusieurs offres en agissant à la fois en qualité de candidats individuels et de membres d'un ou plusieurs groupements ou en qualité de membres de plusieurs groupements.

2) La sous-traitance

Le titulaire d'un marché public de travaux, d'un marché public de services ou d'un marché industriel peut sous-traiter l'exécution de certaines parties de son marché à condition d'avoir obtenu du pouvoir adjudicateur l'acceptation de chaque sous-traitant et l'agrément de ses conditions de paiement.

La différence entre un sous-traitant et un fournisseur tient au fait qu'une entreprise sera considérée comme ayant participé à l'exécution du marché en cause lorsqu'elle ne peut être regardée comme s'étant bornée à fournir des équipements de production courante.

Un marché industriel est un marché ayant pour objet la fourniture d'équipements ou de prototypes conçus et réalisés spécialement pour répondre aux besoins du pouvoir adjudicateur.

Si la sous-traitance peut être sollicitée en cours d'exécution du marché, elle peut aussi l'être au moment de la procédure de passation. Le pouvoir adjudicateur doit accepter la sous-traitance et agréer les ***conditions de paiement*** dans la mesure où les sous-traitants seront, par dérogation au régime qui prévaut dans les relations civiles et commerciales, payés directement par le pouvoir adjudicateur.

Lorsque la demande de sous-traitance intervient au moment de la procédure de passation, le candidat fournit au pouvoir adjudicateur une déclaration mentionnant la nature des prestations sous-traitées, le nom, la raison ou la dénomination sociale et l'adresse du sous-traitant proposé, le montant maximum des sommes à verser pour le paiement direct aux sous-traitants, les conditions de paiement prévu par le projet de contrat de sous-traitance et les capacités professionnelles et financières de celui-ci.

Le titulaire demeure personnellement responsable de l'exécution de toutes les obligations résultant du marché.

Le sous-traitant devra au même titre que le titulaire déclarer ne pas faire l'objet d'une interdiction de présentation de candidatures à des marchés publics. L'attribution du marché au titulaire vaudra dans ces conditions agrément du sous-traitant.

Comme pour la cotraitance, la sous-traitance présente l'intérêt de pouvoir justifier de capacités professionnelles, techniques et financières qui ne sont pas détenues en propre (*CJCE, 2 décembre 1999, Holst Italia Spa*).

b) L'appréciation *in abstracto*

L'analyse des capacités particulières des candidats à l'exécution d'un marché public devrait être une étape discriminante. Cependant, le droit des marchés publics limite sensiblement la marge de manœuvre du pouvoir adjudicateur pour évaluer la capacité des soumissionnaires. Ce constat émerge de la méthodologie de la sélection des candidatures qui procède d'une évaluation *in abstracto*. Ainsi, il n'est pas fait à ce stade de la mise en concurrence, de discriminations entre candidats par comparaison de leurs capacités respectives. En outre, la grille d'évaluation s'avère de moins en moins discriminante notamment en ce que les renseignements susceptibles de fonder une sélection sont limitatifs et que l'acheteur n'a pas d'obligation de déterminer un niveau de capacité suffisante. Le choix consistant à ne pas faire de la sélection des candidatures une étape trop sélective procède de la volonté de ne pas réduire le champ de la concurrence dans l'analyse des offres. Néanmoins, elle emporte un risque d'un défaut de viabilité ou de pérennité de l'offre, dans la mesure où il est difficile d'appréhender le comportement professionnel ou économique d'un candidat au travers de sa seule offre.

En toute hypothèse, le pouvoir adjudicateur ne saurait fonder son rejet sur la seule absence d'expérience du candidat, mais sur un défaut de capacité, apprécié à l'aune de l'ensemble des documents et informations renseignées. L'analyse des candidatures n'est soumise qu'à un contrôle minimal du juge administratif qui ne recherchera que l'erreur de fait, l'erreur de droit et l'erreur manifeste d'appréciation (*CE, 27 février 1987, Hôpital département Esquirol c/Société Généton*).

La première question à laquelle le pouvoir adjudicateur doit répondre pour évaluer les capacités de candidatures consiste à déterminer le niveau minimal de capacités liées et proportionnées à l'objet du marché. Avant le Code du 1er août 2006, le pouvoir adjudicateur fixait le degré de capacités suffisant. Désormais, le niveau est facultatif et minimal. Cette conception, antiéconomique mais vers laquelle le droit des marchés publics tend de plus en plus au fur et à mesure des réformes, ne doit pas permettre d'exclure les candidats qui n'auraient pas acquis une compétence et une expérience dans l'exécution de prestations pour des personnes publiques. Ainsi, lorsque l'acheteur décide de fixer des niveaux minimaux de capacité, il ne peut exiger que des niveaux minimaux liés et proportionnés à l'objet du marché public ou à ses conditions d'exécution.

La seconde question à laquelle la personne responsable du marché doit répondre consiste à identifier les renseignements et documents exigibles pour analyser l'expérience, la capacité professionnelle, technique et financière des candidats. Ces informations ne peuvent être demandées que si elles sont justifiées par l'objet du marché. Ainsi, des documents ou des renseignements exigés par le pouvoir adjudicateur alors qu'ils ne seraient pas rendus nécessaires par l'objet du marché et la nature des prestations à réaliser seraient constitutifs d'une méconnaissance des obligations de mise en concurrence (*CE, 17 novembre 2006, Agence Nationale Pour l'Emploi*). En outre, les exigences de capacité imposées aux candidats ne doivent être manifestement disproportionnées.

Afin de ne pas réduire le jeu de la concurrence et de guider la personne responsable du marché dans la détermination des critères d'analyse des candidatures, un arrêté fixe la liste des renseignements et documents que le pouvoir adjudicateur peut demander. ***Cette liste est exhaustive***.

L'arrêté du 29 mars 2016 énonce documents et renseignements exigibles :

- ***s'agissant des capacités financières***, il peut être demandé aux candidats de fournir à l'appui de leur candidature une déclaration concernant le chiffre d'affaires global et le chiffre d'affaires concernant les fournitures, services ou travaux objets du marché, réalisés au cours des trois derniers exercices disponibles. Cette information est particulièrement intéressante pour apprécier la part de l'activité de cet opérateur dans la réalisation ou la fourniture de prestations pour des personnes publiques ;
- ***s'agissant des capacités professionnelles***, il peut exiger une déclaration appropriée de banques ou preuve d'une assurance pour les risques professionnels, les bilans ou extraits de bilans, concernant les trois dernières années, des opérateurs économiques pour lesquels l'établissement des bilans est obligatoire en vertu de la loi et une déclaration indiquant les effectifs moyens annuels du candidat et l'importance du personnel d'encadrement pour chacune des trois dernières années, l'indication des titres d'études et professionnels de l'opérateur économique et/ou des cadres de l'entreprise, et notamment des responsables de prestation de services ou de conduite des travaux de même nature que celle du marché et certificats de qualifications professionnelles ;
- enfin, ***s'agissant des capacités techniques***, il peut être demandé la présentation d'une liste des principales fournitures ou des principaux services effectués au cours des trois dernières années, indiquant le montant, la date et le destinataire public ou privé, ou d'une liste des travaux exécutés au cours des cinq dernières années, appuyée d'attestations de bonne exécution pour les travaux les plus importants. Dans cette dernière hypothèse, les attestations indiquent le montant, l'époque et le lieu d'exécution des travaux et précisent s'ils ont été effectués selon les règles de l'art et menés régulièrement à bonne fin. Peut être aussi exigée une déclaration indiquant l'outillage, le matériel et l'équipement technique dont le candidat dispose pour la

réalisation de marchés de même nature, une description de l'équipement technique, des mesures employées par l'opérateur économique pour s'assurer de la qualité et des moyens d'étude et de recherche de son entreprise lorsqu'il s'agit de marché de fournitures et services et des certificats établis par des services chargés du contrôle de la qualité et habilités à attester la conformité des fournitures par des références à certaines spécifications techniques. Des échantillons, descriptions et photographies des fournitures peuvent même être demandés.

Tous les certificats peuvent être présentés ou faire l'objet de preuves de mesures équivalentes de garantie de la qualité, produites par les candidats, si ceux-ci n'ont pas accès à ces certificats ou n'ont aucune possibilité de les obtenir dans les délais fixés.

2 Sélection des offres

Une fois la sélection des candidats opérée commence l'étape de sélection des offres. Selon les procédures, la sélection de l'offre pourra intervenir à l'issue d'un temps d'échange entre le pouvoir adjudicateur et les candidats. En revanche, quelle que soit la procédure, le pouvoir adjudicateur est soumis à la même règle de sélection de l'offre économiquement la plus avantageuse à l'issue de laquelle il attribue le marché.

Présentation des offres

Hormis les hypothèses de marchés de procédure adaptée, la négociation dans les procédures de passation de marchés publics est marginale. Quelques correctifs permettent aux entreprises de faire preuve d'innovation.

a) Négociation marginale

Par principe, la négociation est exclue de la procédure de passation des marchés publics. Dans les procédures d'appel d'offres, il ne peut y avoir de négociation avec les candidats. Il est seulement possible de demander aux candidats de préciser ou de compléter la teneur de leur offre. En ce sens, il est possible, en accord avec le candidat retenu, de procéder à une mise au point des composantes du marché sans que ces modifications puissent remettre en cause les caractéristiques substantielles de l'offre, ni le classement des offres.

La négociation n'est prévue que dans les procédures adaptées, les procédures négociées et les procédures de dialogue compétitif. S'agissant des procédures adaptées, les conditions de négociation sont libres tant que le principe d'égalité et de transparence est respecté.

1) Les mapas et procédures concurrentielles avec négociations

La jurisprudence relative à la négociation dans les MAPAS et les procédures concurrentielles avec négociation n'est pas encore stabilisée.

Trois cas de figure peuvent se présenter :

– soit le pouvoir adjudicateur a annoncé sa décision de recourir à la négociation, dans ce cas, il est alors tenu, sans réserve, de le faire ;
– soit il ne l'a pas prévu et il ne peut alors pas négocier ;
– soit, enfin, il s'est seulement borné à informer les candidats qu'il se réservait la possibilité de négocier. Dans ce dernier cas, il n'y est pas tenu s'il considère qu'il peut, au vu des offres remises, attribuer le marché. Si, en revanche, il décide effectivement de négocier, après la remise des offres, avec certains candidats, conformément à ce qui était annoncé dans l'AAPC ou le RC, il n'est pas tenu d'en informer l'ensemble des candidats (*CE, 18 septembre 2015, société Axcess*). Dans les procédures concurrentielles avec négociation, elle ne peut porter sur l'objet du marché ni modifier substantiellement les caractéristiques et les conditions d'exécution du marché telles qu'elles sont définies dans les documents de la consultation.

Cette contrainte est étroitement liée à l'obligation de sélection des offres en fonction du cahier des charges telles qu'il a été défini par le pouvoir adjudicateur. Dès lors, dans les procédures négociées, la négociation ne devrait porter que sur le ***contenu de l'offre***.

2) Procédure de dialogue compétitif

La négociation est particulièrement importante dans la procédure de dialogue compétitif dont il faut rappeler qu'elle est une procédure rarement mise en œuvre.

Suivant l'article 76 du décret du 25 mars 2016, le dialogue s'ouvre avec les candidats préalablement sélectionnés. Il doit porter sur l'identification et la définition des moyens propres à satisfaire au mieux les besoins. La ***liberté*** est ici importante dans la mesure où tous les aspects du marché peuvent être discutés avec les candidats sélectionnés. Comme pour les procédures concurrentielles avec négociation, la procédure peut aussi se dérouler en phases successives jusqu'à ce que soient identifiées, éventuellement après les avoir comparées, la ou les solutions qui sont susceptibles de répondre aux besoins. Le cas échéant, le recours à ce procédé devra être mentionné dans l'avis d'appel public à la concurrence dans les documents de consultation.

Au cours du dialogue, le pouvoir adjudicateur doit veiller au respect du principe d'égalité en fournissant les mêmes informations à tous les candidats encore en compétition. À l'échéance de ces étapes, le pouvoir adjudicateur invite les candidats à remettre leur offre finale sur la base des solutions qu'ils ont présentées et spécifiées au cours du dialogue. Il dispose alors d'un minimum de quinze jours suivant l'invitation qui précise la date et l'heure limite de réception des offres. Tout renseignement complémentaire sur le programme fonctionnel ou le projet partiellement défini est communiqué par le pouvoir adjudicateur lorsque la demande est faite en temps utile, dans les six jours, afin que les candidats puissent élaborer leurs offres.

Une fois les offres remises, la commission d'appel d'offres ne peut demander que des précisions, clarifications, perfectionnements ou compléments aux candidats sur leur offre finale.

Tout au long de la procédure de dialogue compétitif, les échanges se font entre les opérateurs économiques et le pouvoir adjudicateur, c'est-à-dire les services administratifs et techniques. La commission d'appel d'offres n'intervient dans l'élaboration du marché qu'au moment de la sélection des offres finales qu'elle classera en fonction des critères d'attribution préalablement définis dans l'avis d'appel public à la concurrence.

3) Concours

Le choix du ou des lauréats du concours ne relève pas du jury, lequel n'est chargé que d'émettre « *un avis motivé* » et de dresser « *un procès-verbal de l'examen des prestations* ». Les irrégularités constatées dans le procès-verbal du jury de concours peuvent entraîner l'annulation de la procédure. Tel est le cas lorsque le procès-verbal relatif à la séance d'un jury est signé en blanc par les membres du jury et que son contenu a été ensuite complété par l'acheteur.

Même si le procès-verbal a pu être transmis aux membres du jury avec un délai suffisant pour leur permettre de rectifier les éléments qu'ils contesteraient, une telle pratique entache d'irrégularité la procédure de passation du marché. Le juge administratif considère qu'un tel vice ne peut entraîner néanmoins la résolution du marché, le pouvoir adjudicateur étant alors tenu de régulariser la procédure suivie par l'adoption d'un procès-verbal régulier en la forme.

L'acheteur peut négocier avec tous les lauréats. Le marché qui fait suite au concours est attribué à l'un des lauréats. La personne responsable du marché alloue les primes aux candidats conformément aux propositions qui lui sont faites par le jury.

4) Procédure de conception-réalisation

Le jury dresse un procès-verbal d'examen des candidatures et formule un avis motivé sur la liste des candidats à retenir. Le pouvoir adjudicateur arrête la liste des candidats admis à réaliser des prestations, auxquels sont remises gratuitement les pièces nécessaires à la consultation. Les candidats admis exécutent des prestations sur lesquelles se prononce le jury après les avoir auditionnés. Ces prestations comportent au moins un avant-projet sommaire pour un ouvrage de bâtiment ou un avant-projet pour un ouvrage d'infrastructure, accompagné de la définition des performances techniques de l'ouvrage.

Le jury dresse un procès-verbal d'examen des prestations et d'audition des candidats et formule un avis motivé.

b) Correctifs

L'intérêt de la négociation dans les relations contractuelles réside dans la possibilité d'adapter le contrat au plus près des besoins ou de faire émerger quelques innovations. Le droit des marchés publics limite en cela la liberté contractuelle. Néanmoins, il prévoit un correctif qui doit permettre aux candidats de proposer des solutions originales.

Ce correctif est prévu au moyen de variantes qui ne doivent pas être confondues avec les réserves, interdites et les options, autorisées.

1) Variantes

Lorsque le pouvoir adjudicateur se fonde sur plusieurs critères pour attribuer le marché, il peut autoriser les candidats à présenter des variantes.

Les variantes sont une proposition alternative à la demande initiale sur la base de laquelle se fait la consultation. Il n'est pas nécessaire de présenter une offre de base préalable à une variante.

Une variante peut être technique, administrative ou financière. Elle est technique par exemple si elle consiste, dans un marché de travaux, à proposer un matériau différent de celui prévu dans les documents de la consultation. Elle est technique également si elle porte sur la longévité des produits ou des ouvrages, sur des caractéristiques environnementales... Elle peut être administrative si elle porte sur la durée d'exécution du marché, le calendrier, les conditions de maintenance ou d'entretien... Enfin, elle peut être financière si elle concerne des délais de paiement, le versement d'une avance, la composition d'un prix forfaitaire.

Dans les procédures formalisées, les variantes ne sont possibles que si l'acheteur l'a autorisé dans l'avis de marché ou dans l'invitation à confirmer l'intérêt.

En revanche, pour les marchés publics passés selon une procédure adaptée, les variantes sont autorisées sauf mention contraire dans les documents de la consultation.

En outre, l'acheteur peut exiger la présentation de variantes.

Dès lors, l'acheteur doit préciser dans les documents de la consultation les exigences minimales que les variantes doivent respecter ainsi que toute condition particulière de leur présentation.

2) Options

S'agissant des options, la différence avec les variantes réside dans la provenance de l'alternative. Il ne s'agit plus d'une proposition du cocontractant, mais de la personne responsable du marché qui formule certaines alternatives que l'offre du candidat au marché pourra retenir.

Sélection de l'offre économiquement la plus avantageuse

Une fois la liste des candidats retenus, arrêtée, doivent être analysées les offres pour ne retenir que celle qui sera économiquement la plus avantageuse. La notion d'offre « *économiquement la plus avantageuse* », apparue dans la jurisprudence du Conseil d'État dans les années 1980 sous l'appellation d'offre « *économiquement la plus intéressante* » (*CE, 27 juin 1984, Société Biro*) a vocation à limiter les effets économiquement contre-productifs des procédures de mise en concurrence, en s'inscrivant dans une logique économique du contrat de commande publique plutôt que financière. Il s'agissait ici de rompre avec le principe du moins-disant qui soulevait nombre d'effets indésirables lors de l'exécution du contrat.

Comme pour l'analyse des candidatures, celle des offres implique une appréciation de leur recevabilité avant leur comparaison économique.

a) Recevabilité des offres

En premier lieu, l'acheteur vérifie que les offres sont régulières, acceptables et appropriées.

Une offre irrégulière est une offre qui ne respecte pas les exigences formulées dans les documents de la consultation notamment parce qu'elle est incomplète, ou qui méconnaît la législation applicable notamment en matière sociale et environnementale.

Une offre inacceptable est une offre dont le prix excède les crédits budgétaires alloués au marché public tels qu'ils ont été déterminés et établis avant le lancement de la procédure.

Enfin, une offre inappropriée est une offre sans rapport avec le marché public parce qu'elle n'est manifestement pas en mesure, sans modification substantielle, de répondre au besoin et aux exigences de l'acheteur formulés dans les documents de la consultation.

Lorsqu'aucune négociation n'est prévue, ces hypothèses ne peuvent faire l'objet d'une régularisation. En revanche, lorsque la procédure prévoit une négociation, seules offres irrégulières ou inacceptables peuvent devenir régulières ou acceptables à l'issue de la négociation ou du dialogue, à condition qu'elles ne soient pas anormalement basses.

Lorsque la négociation ou le dialogue a pris fin, les offres qui demeurent irrégulières ou inacceptables sont éliminées.

b) Offre économiquement la plus avantageuse

Pour attribuer le marché au candidat qui a présenté l'offre économiquement la plus avantageuse, l'acheteur se fonde soit sur un seul critère soit sur une pluralité de critères non discriminatoires et liés à l'objet du marché sur la base desquels il opère la comparaison entre les offres. À ce stade, l'acheteur dispose d'un large pouvoir non seulement parce qu'il choisit et valorise librement ses critères d'analyses des offres mais encore parce que, comme pour la sélection des candidatures, le juge administratif n'opère qu'un contrôle de l'erreur manifeste d'appréciation des offres (*CE, 13 octobre 1993, Commune de Mées*).

1) Analyse économique de l'offre

L'acheteur dispose d'une liberté de détermination des critères qui doivent fonder son choix selon la liste indicative et non exhaustive inscrite dans l'article 62 du décret du 25 mars 2016. Ils doivent être justifiés par ***l'objet du marché*** ou ses conditions d'exécution. Selon la jurisprudence de la CJCE, ils doivent être objectifs (*CJCE, 20 septembre 1988, Beentjes BV c/État des Pays-Bas*), non discriminatoires (*CJCE, 26 septembre 2000, Commission c/France*) et transparents (*CJCE, 25 avril 1986, Commission c/Royaume de Belgique*).

Le prix n'est pas un critère obligatoire « *lorsque la personne publique adopte plusieurs critères d'attribution du marché dans la mesure où les critères retenus, eu égard à l'objet du marché, permettent de déterminer l'offre économiquement la plus avantageuse* » (*CE, 28 avril 2006, Commune de Toulouse*). En revanche, si l'objet du marché le justifie, le prix pourra être le seul critère d'évaluation des offres. Si les acheteurs publics peuvent utiliser le prix comme critère unique de sélection des offres, ce choix n'est pas totalement discrétionnaire. Le juge recherche si la décision de ne recourir qu'au seul critère de prix était justifiée par la complexité du marché (*CE, 6 avril 2007, Département de l'Isère*).

Les critères les plus usités sont d'abord celui de la valeur technique de l'offre puis celui relatif aux délais de livraison et d'exécution. Parfois déterminant, le critère des délais doit être accompagné d'une définition et d'une application de clauses pénales afin de lui donner tout son sens.

Pour les marchés publics passés selon une procédure formalisée, les critères d'attribution font l'objet d'une pondération ou, lorsque la pondération n'est pas possible pour des raisons objectives, sont indiqués par ordre décroissant d'importance. La pondération peut être exprimée sous forme d'une fourchette avec un écart maximum approprié.

Le décret du 25 mars 2016 prévoit un droit de réservation de marchés public ou de lots aux opérateurs économiques qui emploient des travailleurs handicapés ou défavorisés en application de l'article 36 de l'ordonnance du 23 juillet 2015. Lorsque l'acheteur décide de mettre en œuvre la réservation, il en est fait mention dans l'avis d'appel à la concurrence ou dans les documents de la consultation. C'est dans l'analyse des offres que l'antagonisme entre les partisans d'une approche économique et ceux d'une approche environnementale est le plus atténué avec la valorisation économique des externalités environnementales de la commande publique au moyen du critère du coût du cycle de vie qui fait l'objet d'un article spécifique. Suivant l'article 63 du décret du 25 mars 2016, l'offre économiquement la plus avantageuse peut être caractérisée par, outre le prix, le coût de l'offre en prenant le coût du cycle de vie, dans la mesure où il est pertinent, d'un produit, d'un service ou d'un ouvrage. Dans cette hypothèse, l'analyse des offres peut se fonder sur les coûts supportés par le pouvoir adjudicateur ou d'autres utilisateurs, tels que les coûts liés à l'acquisition, les coûts liés à l'utilisation, tels que la consommation d'énergie et d'autres ressources, les frais de maintenance et les coûts liés à la fin de vie tels que les coûts de collecte et de recyclage et sur les coûts imputés aux externalités environnementales liés au produit, au service ou à l'ouvrage pendant son cycle de vie, à condition que leur valeur monétaire puisse être déterminée et vérifiée, incluant le coût des émissions de gaz à effet de serre et d'autres émissions polluantes ainsi que d'autres coûts d'atténuation du changement climatique. Cette méthode impose des critères vérifiables de façon objective et non discriminatoires et une accessibilité à toutes les parties. Lorsqu'une méthode commune de calcul des coûts du cycle de vie est devenue obligatoire de par un acte législatif de l'Union, elle est appliquée pour l'évaluation des coûts du cycle de vie. Aussi séduisante que soit cette perspective, elle reste encore assez peu utilisée en raison de sa complexité qui implique une méthodologie sophistiquée mais aussi un risque d'insécurité juridique en raison des risques de discriminations illégales qu'elle emporte.

2) Détection des offres anormalement basses

L'analyse des offres peut permettre de rejeter les offres anormalement basses. Leur éviction consiste à identifier les offres dont le prix ne correspond pas à une réalité économique. Celle-ci recouvre plusieurs hypothèses dont l'article 68 du décret relatif aux marchés publics témoigne s'agissant des justifications possibles que le candidat peut apporter au soutien d'une offre présumée anormalement basse. Il apparaît que la valeur de l'offre peut être la conséquence du mode de fabrication des produits, des modalités de la prestation des services, du procédé de construction, des solutions techniques adoptées ou des conditions exceptionnellement favorables dont dispose le soumissionnaire pour fournir les produits ou les services ou pour exécuter les travaux, de l'originalité de l'offre, de la réglementation applicable en matière environnementale, sociale et du travail en vigueur sur le lieu d'exécution des prestations ou de l'obtention éventuelle d'une aide d'État par le soumissionnaire. Le juge administratif n'exerce qu'un contrôle de l'erreur manifeste d'appréciation sur la qualification d'offre anormalement basse à partir de l'offre présentée, de ses motivations et des autres offres.

L'appréciation du caractère anormalement bas d'une offre repose ainsi sur une analyse comparative complexe s'appuyant sur l'objectivation d'une normalité microéconomique et macroéconomique de telle sorte que l'anormalité ne saurait être qualifiée partant de la seule comparaison des offres en concurrence (*CE, 29 mai 2013, Ministre de l'Intérieur*). Ce travail d'objectivation nécessite pour l'acheteur de disposer de référentiel qui fonde son analyse.

L'achèvement de la procédure

Chapitre 7

La procédure de passation d'un marché public s'achève par un certain nombre de formalités : l'attribution du marché, l'élaboration d'un rapport de présentation, la notification, la publication de l'attribution et, le cas échéant, la transmission du marché aux autorités de contrôle compétentes. Le respect des délais tenant à ces formalités est particulièrement nécessaire pour permettre aux candidats évincés d'engager un recours en référé précontractuel.

1 Formalisme de l'achèvement de la procédure

La méconnaissance des obligations tenant à l'achèvement de la procédure, notamment celles consistant dans la communication qui incombe à la personne responsable du marché, constitue une atteinte aux obligations de mise en concurrence (*CE, 9 août 2006, Société Hairis*). Ce formalisme doit être suivi dans la mesure où la procédure n'est pas déclarée sans suite. L'abandon de la procédure qui peut intervenir à tout moment n'implique plus d'être justifiée par des motifs déterminés tel que l'intérêt général par exemple. Les seules obligations à respecter sont formelles en ce que l'acheteur doit seulement communiquer aux opérateurs économiques ayant participé à la procédure, dans les plus brefs délais, les raisons pour lesquelles il a décidé de ne pas attribuer le marché public ou de recommencer la procédure.

■ *Attribution*

Le candidat dont l'offre a été retenue se voit attribuer le marché dès lors qu'il aura pu produire les attestations et certificats dont il a déclaré sur l'honneur être en possession pour pouvoir présenter sa candidature. Il devient alors l'attributaire du marché. Dans le cas contraire, le marché ne pourra lui être attribué.

Le candidat dont l'offre a été classée immédiatement après la sienne est sollicité pour produire les certificats et attestations nécessaires avant que le marché ne lui soit attribué. Si nécessaire, cette procédure peut être reproduite tant qu'il subsiste des offres qui n'ont pas été écartées au motif qu'elles sont inappropriées, irrégulières ou inacceptables. S'il s'avère que les informations ou les documents transmis sont inexacts, le marché est résilié aux torts du titulaire.

■ *Rapport de présentation*

S'agissant du rapport de présentation, il est rédigé par le pouvoir adjudicateur lors de la passation de la procédure formalisée, même si le marché est déclaré infructueux ou sans suite. Il contient obligatoirement le nom et l'adresse du pouvoir adjudicateur, l'objet et la valeur du marché public ou du système d'acquisition dynamique, le nom des candidats exclus et les motifs du rejet de leur candidature, le nom des candidats sélectionnés et les motifs de ce choix, le nom des soumissionnaires dont l'offre a été rejetée et les motifs de ce rejet y compris, le cas échéant, les raisons qui ont amené l'acheteur à la juger anormalement basse et le nom du titulaire et les motifs du choix de son offre, ainsi que, si ces informations sont connues, la part du marché public que le titulaire a l'intention de sous-traiter à des tiers et le nom des sous-traitants.

Le cas échéant, il comporte les motifs de la passation d'un marché public négocié sans publicité ni mise en concurrence préalables ou du recours à la procédure concurrentielle avec négociation ou au dialogue compétitif, les motifs pour lesquels le pouvoir adjudicateur n'a pas alloti le marché public, s'il ne les a pas indiqués dans les documents de la consultation, les raisons pour lesquelles un chiffre d'affaires annuel minimal supérieur au plafond a été exigé, si celles-ci n'ont pas été indiquées dans les documents de la consultation, les raisons pour lesquelles le pouvoir adjudicateur a sollicité l'utilisation de moyens de communication autres que les moyens électroniques pour la transmission des offres, la description des mesures appropriées prises par le pouvoir adjudicateur pour s'assurer que la concurrence n'a pas été faussée par des études et échanges préalables avec des opérateurs économiques ou par la participation d'un opérateur économique à la préparation du marché public, les conflits d'intérêts décelés et les mesures prises en conséquence et les raisons pour lesquelles le pouvoir adjudicateur a renoncé à passer un marché public ou à mettre en place un système d'acquisition dynamique.

Notification de rejet

Tout au long de la procédure, à chaque fois qu'un candidat n'a pas été retenu, soit en raison de l'analyse des candidatures soit en raison de l'analyse des offres, le rejet de sa candidature ou de son offre doit lui être notifié.

La notification au candidat, après le délai de validité des offres, n'a aucune incidence sur la validité de la procédure de passation d'un marché (*CE, 21 mars 2007, Commune de Lens*). Sauf pour les MAPA, la notification du rejet doit comporter le nom de l'attributaire et les motifs qui ont conduit au choix de son offre aux candidats ayant soumis une offre et à ceux n'ayant pas encore eu communication du rejet de leur candidature ainsi que les voies et les délais de recours.

Néanmoins, lorsque l'acheteur motive les raisons du rejet de la candidature, il ne doit pas communiquer de renseignements qui seraient contraires à la loi, en particulier violerait le secret industriel et commercial ou l'intérêt public, ou pourrait nuire à une concurrence loyale entre les opérateurs économiques. Ainsi, la transmission à un candidat évincé d'une analyse des offres des autres candidats fausse l'application des règles de la concurrence.

Tel est le cas notamment lorsque l'acheteurcommunique aux candidats évincés des informations relatives au prix et au délai d'exécution sur lesquels s'engageaient les autres sociétés candidates retenues pour présenter une offre (*CE, 20 octobre 2006, Syndicat des eaux de la Charente-Maritime*). Les acheteurs publics satisfont à leur obligation de motivation des décisions de rejet d'offres à un marché public en communiquant immédiatement à tout soumissionnaire écarté les motifs du rejet de son offre et en fournissant, ensuite, aux soumissionnaires qui en font la demande expresse, les caractéristiques et les avantages relatifs de l'offre retenue ainsi que le nom de l'attributaire. Or, lorsque le pouvoir adjudicateur répond à la demande de précisions d'un candidat en lui envoyant une lettre rappelant que le cahier des charges prévoyait que le marché serait attribué à l'offre économiquement la plus avantageuse, en indiquant le nom de l'attributaire et en insérant un tableau récapitulant les notes pour chaque critère, du candidat et du titulaire, il ne satisfait pas à son obligation de motivation.

Cette communication a notamment pour objet de permettre à l'intéressé de contester le rejet qui lui est opposé.

Un délai d'au moins seize jours est respecté entre la date à laquelle la décision de rejet est notifiée aux candidats dont l'offre n'a pas été retenue et la date de signature du marché (ramené à onze en cas de notification par voie électronique). Ce délai a vocation à permettre aux candidats évincés d'engager un recours précontractuel dont la recevabilité est conditionnée au fait que le marché n'a pas encore été signé (art. L. 551-1, C. just. adm. et cf. *infra*). Le pouvoir adjudicateur doit communiquer, dans un délai maximal de quinze jours à compter de la réception d'une demande écrite, à tout candidat écarté qui en fait la demande, les motifs détaillés du rejet de sa candidature ou de son offre.

Transmission au contrôle de légalité

Une fois signés, les marchés passés par une collectivité territoriale ou des établissements publics de santé et des établissements publics sociaux ou médico-sociaux, dont la valeur est égale ou supérieure à 209 000 euros hors taxes, doivent être transmis aux représentants de l'État avant notification. Sont transmises toutes les pièces nécessaires à l'exercice du contrôle de légalité dans les quinze jours suivant la signature du marché (art. L. 2131-13, CGCT).

Notification de l'attribution du marché

Cette étape est essentielle dans la mesure où la notification déclenche ***l'entrée en vigueur du marché***. L'exécution de prestations avant la notification du marché sera donc considérée comme réalisée en dehors de tout cadre contractuel régulier. La notification est faite par l'acheteur ; elle consiste en l'envoi du marché signé au titulaire et s'opère par tout moyen permettant de donner date certaine. L'importance de la notification et de la preuve de sa date implique qu'il soit accordé une attention toute particulière à ses modalités. Cette date est celle de la réception par l'attributaire qui devient dès lors le titulaire du marché.

Publicité

Pour les marchés publics répondant à un besoin d'un montant égal ou supérieur aux seuils européens publiés au Journal officiel de la République française, l'acheteur envoie pour publication, dans un délai maximal de trente jours à compter de la signature du marché public, un avis d'attribution.

L'avis est établi conformément au modèle fixé par le règlement de la Commission européenne établissant les formulaires standard pour la publication d'avis dans le cadre de la passation de marchés publics.

Bien que certains marchés passés selon une procédure adaptée ne soient pas soumis à l'obligation de publicité d'attribution, les acheteurs ont intérêt à publier un avis d'intention de conclure pour limiter les risques contentieux procédant de recours de candidats évincés. En adressant au Journal officiel de l'Union européenne un avis relatif à l'intention de conclure le contrat en lieu et place d'un avis d'attribution suivant le modèle communautaire de ***l'avis en cas de transparence ex ante volontaire*** dans un délai de onze jours entre la date de publication de cet avis et la signature du marché, le pouvoir adjudicateur fait échec aux procédures de référé contractuel se prémunissant par là même de tout référé d'urgence pendant l'exécution du marché. Le risque contentieux est ainsi limité aux contestations *a priori* au seul moyen du référé précontractuel.

2 Les recours contentieux

La jurisprudence et la transposition de la directive recours par l'ordonnance du 7 mai 2009 et le décret du 27 novembre 2009 ont substantiellement modifié le contentieux des marchés publics.

Les procédures d'urgences

a) Référé précontractuel

Suivant l'article L. 551-1 du Code de justice administrative, « *Le président du tribunal administratif, ou le magistrat qu'il délègue, peut être saisi en cas de manquement aux obligations de publicité* et *de mise en concurrence auxquelles est soumise la passation par les pouvoirs adjudicateurs de contrats administratifs ayant pour objet l'exécution de travaux, la livraison de fournitures ou la prestation de services, avec une contrepartie économique constituée par un prix ou un droit d'exploitation, ou la délégation d'un service public* ».

1) La recevabilité

Les personnes habilitées à agir sont celles qui ont un intérêt à conclure le contrat et qui sont susceptibles d'être lésées par ce manquement, ainsi que le représentant de l'État dans le département, dans le cas où le contrat est conclu ou doit être conclu par une collectivité territoriale ou un établissement public local (*CE, 3 octobre 2008, Smirgeomes*).

Sont exclus du droit de saisir le juge de l'article L. 551-1 du Code de justice administrative les contribuables locaux, les conseillers municipaux, les associations, les organisations professionnelles, les sous-traitants et ceux n'ayant pas déposé d'offres.

2) Pouvoir du juge

L'intérêt majeur du référé précontractuel réside dans la possibilité qu'a le juge d'annuler le marché lui-même. Il dispose du pouvoir d'apprécier même *ultra petita* (*CE, 20 octobre 2006, Commune d'Andeville*) les mesures qu'il peut prendre en conséquence de la constatation de la méconnaissance des obligations de publicité et de mise en concurrence.

Le référé précontractuel a vocation à permettre aux candidats évincés d'obliger l'auteur du manquement de se conformer à ses obligations et suspendre l'exécution de toute décision qui se rapporte à la passation du contrat, sauf si le juge estime, en considération de l'ensemble des intérêts susceptibles d'être lésés et notamment de l'intérêt public, que les conséquences négatives de ces mesures pourraient l'emporter sur leurs avantages. Le juge des référés peut, en outre, annuler les décisions qui se rapportent à la passation du contrat et supprimer les clauses ou prescriptions destinées à figurer dans le contrat et qui méconnaissent lesdites obligations.

Le président du tribunal administratif doit être saisi avant la conclusion du contrat (*CE, 3 novembre 1995, CCI de Tarbes et des Hautes-Pyrénées*). Si l'appel d'offres est déclaré infructueux, la requête en référé précontractuel est néanmoins recevable (*CE, 3 mai 2002, USSGETOM*). En revanche, si le marché est classé sans suite, la requête est privée d'objet (*CE, 28 avril 2004, Entreprise Roger Martin*).

Le contrat ne peut être signé à compter de la saisine du tribunal administratif et jusqu'à la notification au pouvoir adjudicateur de la décision juridictionnelle.

Il ne faut pas négliger le caractère stratégique de l'utilisation du référé précontractuel. S'il est généralement le moyen de faire valoir ses droits, il est aussi parfois le moyen d'obtenir certaines faveurs en échange de l'abandon de la requête en référé, comme par exemple la sous-traitance d'une partie du marché attribué aux candidats concurrents. Le risque d'annulation de l'ensemble de la procédure peut susciter, notamment sur les marchés importants, l'adoption de certains accords qui satisfassent même les candidats évincés.

b) Référé contractuel

Inédit en droit français, le référé contractuel complète conformément aux articles L. 551-13 et suivants du Code de justice administrative le régime du référé précontractuel irrecevable après la signature du contrat et le régime d'annulation au fond des marchés publics qui aboutit plutôt à engager la responsabilité financière du pouvoir adjudicateur.

1) La recevabilité

Le référé contractuel permet aux personnes qui ont un intérêt à conclure le contrat et qui sont susceptibles d'être lésées par des manquements aux obligations de publicité et de mise en concurrence auxquelles sont soumis ces contrats, ainsi que le représentant de l'État dans le cas des contrats passés par une collectivité territoriale ou un établissement public local, de demander au juge qu'il prononce la nullité du contrat lorsqu'aucune des mesures de publicité requises pour sa passation n'a été prise, lorsqu'a été omise une publication au *Journal officiel* de l'Union européenne dans le cas où une telle publication est prescrite, ou lorsqu'ont été méconnues les modalités de remise en concurrence prévues pour la passation des contrats fondés sur un accord-cadre ou un système d'acquisition dynamique. Le requérant ne peut introduire de requête en indemnisation.

Ce recours n'est pas ouvert au demandeur ayant déjà fait usage du référé précontractuel dès lors que le pouvoir adjudicateur a respecté la suspension ordonnée et s'est conformé à la décision juridictionnelle rendue. Il n'est pas non plus ouvert à la contestation des MAPA et des marchés négociés sans publicité préalable lorsque le pouvoir adjudicateur procède à des mesures de publicité informant de son intention de les conclure ou informe les candidats évincés de la décision de rejet de leur candidature ou de leur offre après avoir observé un délai de onze jours entre ces formalités et la signature (seize jours pour les contrats fondés sur un accord-cadre ou un système d'acquisition dynamique). Cet avis d'intention doit être publié sur la base du modèle européen de l'avis en cas de transparence ex ante volontaire prévu par le règlement du 30 novembre 2009.

La juridiction peut être saisie au plus tard le trente et unième jour suivant la publication d'un avis d'attribution du contrat ou, pour les marchés fondés sur un accord-cadre ou un système d'acquisition dynamique, suivant la notification de la conclusion du contrat et jusqu'à l'expiration d'un délai de six mois à compter du lendemain du jour de la conclusion du contrat, en l'absence de la publication d'avis ou de la notification mentionnées à l'alinéa qui précède, la juridiction peut être saisie.

2) Pouvoir du juge

Le président du tribunal administratif peut même d'office annuler le contrat sauf lorsque la nullité du contrat entraîne des conséquences disproportionnées et que l'intérêt économique atteint n'est pas directement lié au contrat.

Le président du tribunal administratif ou son délégué peut suspendre l'exécution du contrat, pour la durée de l'instance, sauf s'il estime, en considération de l'ensemble des intérêts susceptibles d'être lésés et notamment de l'intérêt public, que les conséquences négatives de cette mesure pourraient l'emporter sur ses avantages.

Toutefois, dans les cas prévus à l'article L. 551-18, le juge peut sanctionner le manquement soit par la résiliation du contrat, soit par la réduction de sa durée, soit par une pénalité financière imposée au pouvoir adjudicateur ou à l'entité adjudicatrice, si le prononcé de la nullité du contrat se heurte à une raison impérieuse d'intérêt général. Le montant des pénalités financières tient compte alors de manière proportionnée de leur objet dissuasif, sans pouvoir excéder 20 % du montant hors taxes du contrat. Le montant de ces pénalités est versé au Trésor public.

■ *Les procédures au fond*

La contestation au fond des marchés publics a longtemps été réservée aux parties cocontractantes conformément au principe de l'effet relatif des contrats. Les tiers et notamment les candidats évincés ne bénéficiaient que de la possibilité de contester par la voie du recours pour excès de pouvoir les actes détachables telle que la signature du contrat et de solliciter une injonction du juge pour obliger les parties à annuler le marché.

Les contraintes pesant sur ce régime contentieux ont été en partie levées par l'arrêt d'assemblée *Société Tropic Travaux Signalisation* du Conseil d'État du 16 juillet 2007 par lequel il a jugé qu'il appartient au juge, lorsqu'il constate l'existence de vices entachant la validité du contrat, soit de prononcer la résiliation du contrat ou de modifier certaines de ses clauses, soit de décider de la poursuite de son exécution, éventuellement sous réserve de mesures de régularisation par la collectivité contractante, soit d'accorder des indemnisations en réparation des droits lésés, soit enfin, après avoir vérifié si l'annulation du contrat ne porterait pas une atteinte excessive à l'intérêt général ou aux droits des cocontractants, d'annuler, totalement ou partiellement, le cas échéant avec un effet différé, le contrat.

Ce régime contentieux qui était jusqu'à présent réservé aux concurrents évincés a été ouvert depuis la décision de l'Assemblée du Conseil d'État du 4 avril 2014, Département de Tarn-et-Garonne à tout tiers à un contrat administratif susceptible d'être lésé dans ses intérêts de façon suffisamment directe et certaine par sa passation ou ses clauses. Il est dès lors recevable à former devant le juge du contrat un recours de pleine juridiction contestant la validité du contrat ou de certaines de ses clauses non réglementaires qui en sont divisibles. Ainsi, cette action est également ouverte aux membres de l'organe délibérant de la collectivité territoriale ou du groupement de collectivités territoriales concerné ainsi qu'au représentant de l'État dans le département dans l'exercice du contrôle de légalité. Tel est le cas dans cette affaire dans laquelle le recours a été introduit par un conseiller général demandant l'annulation d'un marché à bons de commande ayant pour objet la location de longue durée de véhicules de fonction pour les services du conseil général.

Cet arrêt ouvre la voie d'un recours contentieux en matière contractuelle en dehors même du contentieux relatif aux marchés publics et délégations de services publics, ce qui présente par ailleurs l'intérêt, lorsque les requérant sont le représentant de l'État dans le département ou les membres de l'organe délibérant de la collectivité territoriale ou du groupement de collectivités territoriales concerné, d'invoquer tout moyen à l'appui du recours alors que les autres tiers ne peuvent invoquer que des vices en rapport direct avec l'intérêt lésé dont ils se prévalent ou ceux d'une gravité telle que le juge devrait les relever d'office.

Néanmoins, le tiers agissant en qualité de concurrent évincé de la conclusion d'un contrat administratif ne peut, à l'appui d'un recours contestant la validité de ce contrat, utilement invoquer, outre les vices d'ordre public, que les manquements aux règles applicables à la passation de ce contrat qui sont en rapport direct avec son éviction (*CE, 5 févr. 2016, Syndicat mixte des transports en commun Hérault Transport*). Cependant, ne pouvant bénéficier des procédures de référés contractuels ou précontractuels, les requérants peuvent éventuellement assortir leur recours d'un référé suspension sur le fondement de l'article L. 521-1 du code de justice administrative pour obtenir la suspension de l'exécution du contrat. Ce recours doit être exercé, y compris si le contrat contesté est relatif à des travaux publics, dans un délai de deux mois à compter de l'accomplissement des mesures de publicité appropriées, notamment au moyen d'un avis mentionnant à la fois la conclusion du contrat et les modalités de sa consultation dans le respect des secrets protégés par la loi.

Si une telle requête peut être accompagnée d'une demande tendant à la suspension de son exécution, cette nouvelle voie de recours exclut de recourir à la contestation des actes détachables.

L'exécution du marché public

Chapitre 8

Les obligations de mise en concurrence font peser sur l'exécution des marchés publics une intangibilité des relations contractuelles qui limite la prise en compte des altérations affectant le marché ou les cocontractants.

1 Modifications affectant les marchés

L'article 139 du décret du 25 mars 2016 prévoit un ensemble d'hypothèses de modifications, quelle que soit leur forme, déterminant les conditions d'application de la règle posée à l'article 65 de l'ordonnance du 23 juillet 2015 suivant laquelle « ces modifications ne peuvent changer la nature globale du marché public ». Dans son principe comme dans son détail, le régime de modification des marchés heurte les principes de leur passation tant la liberté de modifier le contrat en cours d'exécution est grande au risque de saper les termes de la concurrence initiale.

Le principe même du régime de modification du marché tel qu'il est précisé dans l'ordonnance n'emporte que peu de contingences. Fixer la limite de la modification d'un marché à l'absence de dénaturation globale constitue un seuil de tolérance élevée même s'il n'est pas, sans l'interprétation du juge, encore possible de savoir à quelle identité contractuelle le terme nature fait référence. Néanmoins, l'éventualité de modifications générant par exemple, la mutation d'un marché public en concession, d'un marché de travaux en marché de service, d'un marché de service d'assurance en marché d'assistance constitue une échelle de mutation d'un marché qui ne risque qu'exceptionnellement de limiter les capacités de modifications des marchés consistant le plus souvent à valoriser une évolution du besoin initial.

Si le principe est large, ses applications ne sont guère plus restrictives au regard des enjeux de la modification contractuelle. En effet, l'article 135 du décret offre de nombreuses possibilités d'échappées contractuelles dont la principale cause d'altération réside dans la faculté d'apporter des modifications non capées. Hormis l'article 135 6° qui autorise toute modification du marché tant que le montant de la modification est inférieur aux seuils européens et à 15 % et à 10 % du montant du marché initial respectivement pour les marchés publics de travaux et pour les autres marchés, aucun plafond ne s'impose soit pace que les modifications sont admises quel qu'en soit le montant, soit parce que chaque modification est limitée à 50 % du montant initial sans que le nombre de modifications successives soit limité dans la mesure où elles n'ont pas pour objet (et non plus largement « pour effet » suivant la formulation usuelle de l'ancien code des marchés publics) de contourner les obligations de publicité et de mise en concurrence.

C'est donc dans les critères matériels que la limitation du droit de modification du contrat est inscrite. Cependant, les hypothèses visées par l'article 139 du décret ne sont que marginalement contraignantes. La première hypothèse de l'article 135 vise des modifications dont les conditions d'adoption ont été prévues dans les documents contractuels initiaux. Cette disposition vise notamment les clauses de variation du prix ou d'options. Or si elles sont prévues aux contrats, il ne s'agit pas de modifications mais seulement de l'exécution du contrat. C'est donc bien d'autres hypothèses que vise cet article à travers notamment des clauses de réexamen dont la validité pourrait être conditionnée à la prise en compte d'un faisceau de références objectives, une procéduralisation de la modification voir le recours à un tiers *in fine* tel qu'un juge ou un expert par exemple.

La deuxième hypothèse recouvre les modifications imposant des prestations supplémentaires devenus nécessaires que seul le titulaire du marché pourrait satisfaire pour des raisons économiques ou techniques tenant notamment à des exigences d'interchangeabilité ou d'interopérabilité avec les équipements, services ou installations existants achetés dans le cadre du marché public initial ou présenterait un inconvénient majeur ou entraînerait une augmentation substantielle des coûts pour l'acheteur. Cette hypothèse qui renvoie au régime antérieur des marchés complémentaires ouvrant droit à conclusion d'un nouveau marché de gré à gré avec le même titulaire est sans doute l'hypothèse la plus contraignante même si elle reste plus libérale que le régime antérieur.

La troisième hypothèse vise les modifications rendues nécessaires par des circonstances qu'un acheteur diligent ne pouvait prévoir. Le régime de l'imprévision et des sujétions techniques imprévues pourraient resurgir ici. Cependant, le champ de cette disposition pourrait s'avérer plus large selon que les modifications rendues nécessaires le seront suivant que seront seulement admises des circonstances imprévisibles ou simplement imprévues.

La quatrième hypothèse renvoie au régime de changement de titulaire en application d'une clause de réexamen ou d'une option ou dans le cas d'une cession du marché public, à la suite d'une opération de restructuration du titulaire initial, à condition que cette cession n'entraîne pas d'autres modifications substantielles et ne soit pas effectuée dans le but de soustraire le marché public aux obligations de publicité et de mise en concurrence. Le nouveau titulaire doit remplir les conditions qui avaient été fixées par l'acheteur pour la participation à la procédure de passation du marché public initial.

Enfin, la cinquième hypothèse vise les modifications non substantielles. Elles ne le sont pas lorsqu'à tout le moins, elle change la nature globale du marché public. En outre, elles sont substantielles lorsqu'elles introduisent des conditions qui, si elles avaient été incluses dans la procédure de passation initiale, auraient attiré davantage d'opérateurs économiques ou permis l'admission d'autres opérateurs économiques ou permis le choix d'une offre autre que celle retenue, ou lorsqu'elle modifie l'équilibre économique du marché public en faveur du titulaire d'une manière qui n'était pas prévue dans le marché public initial ou lorsqu'elle modifie considérablement l'objet du marché public ou a pour effet de remplacer le titulaire initial par un nouveau titulaire en dehors des hypothèses générales. Cette dernière disposition laisse, elle aussi, une marge d'interprétation *a priori* étendue en ce qu'elle consiste d'abord à faire preuve de révisionnisme procédural pour envisager ce qu'aurait été le résultat des termes d'une mise en concurrence qui n'a pas eu lieu. Ensuite, suivant l'interdiction des modifications de l'équilibre économique en faveur du titulaire, il semble que ne soit proscrites que celles limitées à la seule augmentation du prix. En revanche, si le prix augmente proportionnellement à une aggravation des charges, l'équilibre, et non plus l'économie, pourra être conservé. Enfin, les modifications de l'objet qui ne sont proscrites que lorsqu'il en est changé « considérablement », emportent par l'introduction de ce terme même, un régime explicitement plus libéral que celui du code des marchés publics qui ne prohibait que les modifications ayant pour effet de modifier l'objet du contrat.

Le nombre et le champ d'application des différentes hypothèses de modification du marché tranchent avec le régime antérieur qui interdisant de bouleverser l'économie du contrat ou d'en changer l'objet, consistait essentiellement à proscrire suivant une acception de la notion d'économie du contrat, simplifiée, les augmentations du prix du marché de plus 10 ou 15 % du montant initial. Bien qu'assouplissant la rigidité contractuelle de l'ancien régime, c'est de notre point de vue une innovation remarquable dont la faible contrainte est à la mesure de l'avancée qu'a constitué son introduction dans le droit des marchés publics. C'est dans cette même perspective que peut être appréciée l'introduction d'obligations inédites de publicité des modifications. Encore limitée à deux hypothèses (marchés supplémentaires et changement de titulaires) et bien que le droit du contentieux contractuels ne permettent pas encore de s'en saisir, ce régime est significatif de ce qu'il annonce du parachèvement du droit des marchés publics en tant que régime contractuel général.

Suivant l'article L. 1414-4 du CGCT, tout projet d'avenant à un marché public entraînant une augmentation du montant global supérieure à 5 %, est soumis pour avis à la commission d'appel d'offres. Lorsque l'assemblée délibérante est appelée à statuer sur un projet d'avenant, l'avis de la commission d'appel d'offres lui est préalablement transmis.

Cette obligation ne vaut que pour les marchés passés suivant une procédure formalisée. Les avenants doivent être signés, notifiés et transmis au représentant de l'État lorsqu'il constitue une modification apportée à un marché passé suivant une procédure formalisée.

2 Résiliation

La résiliation consiste dans l'achèvement prématuré du contrat par le ou les cocontractants. Elle peut donc être unilatérale ou conventionnelle. La résiliation se distingue de la résolution du contrat qui relève de la compétence du juge et de l'annulation qui aboutit à considérer que le contrat n'a jamais existé. Le droit des marchés publics ne prévoit, en tant que tel, qu'une hypothèse de résiliation. Suivant l'article 58 de l'ordonnance Marché, lorsque le marché public n'aurait pas dû être attribué à un opérateur économique en raison d'un manquement grave aux obligations prévues par le droit de l'Union européenne en matière de marchés publics qui a été reconnu par la Cour de justice de l'Union européenne dans le cadre de la procédure prévue à l'article 258 du traité sur le fonctionnement de l'Union européenne, il peut être résilié par l'acheteur.

Par conséquent, le droit des marchés publics ne prévoit la résiliation unilatérale par le pouvoir adjudicateur que dans les hypothèses fixés dans le marché. Cela ne signifie pas pour autant qu'en l'absence de clauses de résiliation aux torts du cocontractant, l'administration se prive de cette faculté. Il a été, en effet, jugé que la résiliation aux torts du cocontractant peut être invoquée par l'administration même en l'absence de dispositions contractuelles (*CE, 30 septembre 1983, SARL Comexp*).

S'il n'est pas stipulé de droit de résiliation pour faute dans le contrat, il faut, pour que cette résiliation soit régulière, que la faute soit grave (*CE, 21 janvier 1944, Société d'entreprise et de construction en béton armé*). Il peut s'agir ainsi d'une résiliation pour cause d'interruption du service ou pour manquements aux obligations financières.

Le droit des marchés publics définit de manière limitée le pouvoir de résiliation unilatérale. Néanmoins, les marchés publics passés par des personnes publiques étant des contrats administratifs, le régime de résiliation unilatérale prévue dans la théorie générale des contrats administratifs peut s'appliquer ici. Ce régime prévoit notamment la résiliation unilatérale pour des raisons d'intérêt général, ouvrant droit à l'indemnité du cocontractant (*CE, 4 janvier 1954, Leroy*).

Les hypothèses de résiliation dans l'intérêt du service public sont nombreuses. Elles peuvent être liées à l'abandon d'un projet, à un changement de la réglementation, à une modification du fonctionnement d'un service public (*CE, 23 mai 1962, Société financière d'exploitations industrielles*) à l'exclusion à des motifs financiers (*CE, 26 février 1975, Société du port de pêche de Lorient*). Il est à noter qu'une clause de résiliation sans indemnité, en l'absence de faute du titulaire, est une clause léonine, car elle ne respecte pas le droit du titulaire à l'équilibre financier du contrat (*CE, 27 octobre 1978, Ville de Saint-Malo*).

Par ailleurs, la question qui se pose est de savoir si le ***titulaire*** du marché peut lui aussi résilier unilatéralement le contrat. Il semble qu'il dispose d'un tel pouvoir lorsque le contrat le prévoit, ou lorsque des dispositions législatives ou réglementaires d'ordre public l'y autorise (l'article L. 113-12 du Code des assurances suivant lequel l'assureur a le droit de résilier un contrat d'assurance à l'expiration d'un délai d'un an, en envoyant une lettre recommandée à l'assuré au moins deux mois avant la date d'échéance).

Néanmoins, dans ses conclusions sur l'arrêt *Toubol-Fischer* du 9 avril 1999, le commissaire du gouvernement Henri Savoie conclut à l'incompatibilité du régime juridique des contrats d'avocat avec le droit des marchés publics dans la mesure où, entre autres points de contrariété, le principe d'indépendance de l'avocat serait incompatible avec l'interdiction de résiliation des marchés publics par le titulaire. Il cite les arrêts du Conseil d'État du 20 décembre 1961 et 17 décembre 1980, *Jacquet* et *OPHLM des Hautes-Alpes,* comme fondement à son assertion.

Aucun de ces deux arrêts ne semble fonder une telle interdiction. Dans l'arrêt du 20 décembre 1961, le Conseil d'État ne s'était pas prononcé sur la validité d'un droit de résiliation prévu par contrat pour un marché de travaux mais sur le champ d'application des hypothèses d'ouverture du droit à résiliation par le titulaire. Le juge recherche ici la responsabilité des titulaires du marché dans un cas de résiliation qui n'avait pas été prévu au contrat. Cet arrêt interdit ainsi la résiliation sans fondement. *A contrario*, l'arrêt cité ne remet pas en cause les dispositions du contrat portant droit de résiliation du marché par le titulaire dans des hypothèses préalablement définies. Cette référence jurisprudentielle ne saurait fonder une interdiction conventionnelle et à plus forte raison légale d'un droit de résiliation unilatérale du titulaire.

L'arrêt du 17 octobre 1980 diffère de celui du 20 décembre 1961 en ce que le Conseil d'État engage la responsabilité d'un entrepreneur privé du fait de la résiliation tacite du marché, en conséquence de l'inexécution par la personne publique cocontractante de ses obligations. Cet arrêt ne se distingue pas du droit civil. La résiliation unilatérale par l'une des parties n'est pas autorisée.

En revanche, la résolution du contrat, c'est-à-dire l'anéantissement rétroactif de l'engagement contractuel, est juridiquement possible. Elle ne peut néanmoins être de plein droit. La partie souhaitant la résolution du contrat doit en faire la demande au juge judiciaire (art. 1184, C. civ. : « *la résolution doit être demandée en justice* »). Dès lors, cet arrêt ne remet pas en cause l'existence d'un droit de résiliation conventionnelle ou légale, mais une résiliation unilatérale sans fondement juridique ou une résolution du contrat sans décision du juge compétent. Aussi, il ne semble pas qu'il puisse être conclu à l'interdiction d'un tel droit de résiliation si celui-ci est préalablement prévu lors de la conclusion du contrat.

En cas de résiliation du marché public ouvrant droit à indemnisation, si les parties ne parviennent pas, dans un délai de six mois à compter de la date de la résiliation, à un accord sur le montant de l'indemnité, le titulaire perçoit, à sa demande, le montant que l'acheteur a proposé.

3 Le paiement

Les dispositions sur le paiement dans les marchés publics figurent parmi les dispositions essentielles relatives à l'exécution du marché.

■ *Les avances*

L'octroi des avances a pour objet de faciliter l'exécution des marchés et d'assurer l'égalité d'accès aux marchés entre les entreprises qui disposent d'une trésorerie suffisante pour démarrer l'exécution des prestations et celles qui n'en disposent pas. Tel est le cas, notamment, des petites et moyennes entreprises et de la majorité des associations qui œuvrent dans des secteurs économiques.

Une avance est accordée au titulaire d'un marché lorsque le montant initial du marché ou de la tranche affermie est supérieur à 250 000 € HT et dans la mesure où le délai d'exécution est supérieur à trois mois. Cette avance est calculée sur la base du montant du marché diminué du montant des prestations confiées à des sous-traitants et donnant lieu à paiement direct. Lorsque le titulaire est une petite ou moyenne entreprise au sens de l'article 48, une avance est versée lorsque le montant initial du marché ou de la tranche est supérieur à 50 000 € HT et dans la mesure où le délai d'exécution est supérieur à deux mois.

Dans le cas d'un marché à bons de commande, comportant un montant minimum supérieur à 250 000 € HT, ou à 50 000 € HT lorsque le titulaire est une petite ou moyenne entreprise, l'avance est accordée en une seule fois sur la base de ce montant minimum.

Dans le cas d'un marché à bons de commande ne comportant ni minimum ni maximum, l'avance est accordée pour chaque bon de commande d'un montant supérieur à 250 000 € HT, et d'une durée d'exécution supérieure à trois mois, ou d'un montant supérieur à 50 000 € HT et d'une durée d'exécution supérieure à deux mois si le titulaire est une petite ou moyenne entreprise.

Dans le cas d'un marché à bons de commande, comportant un montant minimum supérieur à 250 000 € HT, ou à 50 000 € HT lorsque le titulaire est une petite ou moyenne entreprise, passé en application de l'article 187 et lorsque chaque service ou organisme procède lui-même au paiement des prestations qu'il a commandées, le marché peut prévoir que le régime de l'avance est celui qui relève des dispositions applicables aux marchés à bons de commande ne comportant ni minimum ni maximum.

Le titulaire peut refuser le versement de l'avance.

Le montant de l'avance est fixé à 5 % du montant initial, toutes taxes comprises, du marché ou de la tranche affermie si leur durée est inférieure ou égale à douze mois ; si cette durée est supérieure à douze mois, l'avance est égale à 5 % d'une somme égale à douze fois le montant mentionné ci-dessus divisé par cette durée exprimée en mois. Dans le cas d'un marché à bons de commande comportant un montant minimum, il est fixé à 5 % du montant minimum si la durée du marché est inférieure ou égale à douze mois ; si cette durée est supérieure à douze mois, l'avance est égale à 5 % d'une somme égale à douze fois le montant minimum divisé par la durée du marché exprimée en mois.

Enfin, dans le cas d'un marché à bons de commande ne comportant ni minimum ni maximum ou qui comporte un minimum et un maximum fixé en quantité, pour chaque bon de commande, à 5 % du montant du bon de commande si la durée prévue pour l'exécution de celui-ci est inférieure ou égale à douze mois. Si cette durée est supérieure à douze mois, l'avance est égale à 5 % d'une somme égale à douze fois le montant du bon de commande divisé par la durée prévue pour l'exécution de celui-ci exprimée en mois. Le seuil de 5 % est porté à 10 % lorsque le bénéficiaire de l'avance est une petite ou moyenne entreprise.

Le montant de l'avance ne peut être affecté par la mise en œuvre d'une clause de variation de prix.

Le marché peut prévoir que l'avance versée au titulaire du marché dépasse les 5 % mais ne peut excéder 30 % des montants, garantie à première demande constituée par le titulaire. L'avance pourra ainsi atteindre un maximum de 60 %.

Le taux et les conditions de versement de l'avance sont fixés par le marché. Ils ne peuvent être modifiés par avenant. Ils s'appliquent aux marchés reconductibles, sur le montant de la période initiale et aux marchés reconduits, sur le montant de chaque reconduction.

Le remboursement de l'avance s'impute sur les sommes dues au titulaire, selon un rythme et des modalités fixés par le marché par précompte sur les sommes dues à titre d'acomptes ou de règlement partiel définitif ou de solde. Il doit, en tout état de cause, être terminé lorsque le montant des prestations exécutées par le titulaire atteint 80 % du montant toutes taxes comprises des prestations qui lui sont confiées au titre du marché ou de la tranche affermie ou du bon de commande dans le cas d'un marché à bons de commande ne comportant ni minimum ni maximum, du montant minimum dans le cas d'un marché à bons de commande comportant un montant minimum.

Dans le cadre d'un marché à tranches conditionnelles, le marché peut prévoir que le remboursement de l'avance s'impute par précompte sur la somme due au titulaire au titre de l'avance versée pour la tranche suivante lorsque celle-ci a été affermie avant que le montant des prestations exécutées au titre de la tranche précédente n'ait atteint 80 % du montant de celle-ci toutes taxes comprises.

Dans le silence du marché, le remboursement s'impute sur les sommes dues au titulaire quand le montant des prestations exécutées par le titulaire atteint 65 %.

Lorsque le montant de l'avance est supérieur à 30 % de l'assiette retenue au II de l'article 261 pour la détermination du montant de cette avance, le titulaire du marché ne peut recevoir cette avance qu'après avoir constitué une garantie à première demande. La constitution de cette garantie n'est toutefois pas exigée des organismes publics titulaires d'un marché.

■ *Les acomptes*

À la différence des avances, les acomptes sont versés pour des prestations effectuées en cours d'exécution du marché : l'acompte rémunère un service fait. Le versement d'acomptes est un droit ; ils sont versés même en cas de silence du marché. L'acheteur doit vérifier que la prestation a été effectuée. Cette vérification est constatée par un document écrit qu'il établit lui-même ou vérifie et déclare accepter. La périodicité de versement des acomptes est de trois mois maximum.

Le dernier acompte ne doit pas être confondu avec le solde, qui, pour les marchés de travaux, ne peut être déterminé que lors de l'établissement du décompte général.

■ *Le règlement*

La question essentielle qui encadre le règlement de marché tient dans les délais en considération des contraintes administratives qui pèsent sur la comptabilité publique, d'une part et des besoins de trésorerie des entreprises d'autre part. Il est notamment possible de procéder à un règlement partiel. Celui-ci devient définitif lorsqu'il n'est pas susceptible d'être remis en cause par les parties après son paiement, notamment lors de l'établissement du solde. Les marchés de travaux ne donnent pas lieu à des règlements partiels définitifs. Il ne faut pas ici confondre règlement partiel et acomptes ces derniers n'ayant pas le caractère de paiements non susceptibles d'être remis en cause. Dans le cas des marchés passés en lots séparés, le titulaire de plusieurs lots présente des factures distinctes pour chacun des lots ou une facture globale identifiant distinctement les différents lots.

Lorsque le marché comporte une clause de variation de prix, la valeur finale des références utilisées pour l'application de cette clause est appréciée au plus tard à la date de réalisation des prestations telle que prévue par le marché, ou à la date de leur réalisation réelle si celle-ci est antérieure.

Lorsque la valeur finale des références n'est pas connue à la date où doit intervenir un acompte ou un paiement partiel définitif, le pouvoir adjudicateur procède à un règlement provisoire sur la base des dernières références connues.

Le paiement calculé sur la base des valeurs finales de référence intervient au plus tard trois mois après la date à laquelle sont publiées ces valeurs.

Lorsque les avances sont remboursées par précompte sur les sommes dues à titre d'acompte ou de solde, le précompte est effectué après application de la clause de variation de prix sur le montant initial de l'acompte ou du solde.

En cas de résiliation totale ou partielle du marché, les parties peuvent s'accorder, sans attendre la liquidation définitive du solde, sur un montant de dettes et de créances, hors indemnisation éventuelle, acceptées par elles, à titre provisionnel.

Si le solde est créditeur au profit du titulaire, le pouvoir adjudicateur lui verse 80 % de ce montant. S'il est créditeur au profit du pouvoir adjudicateur, le titulaire lui reverse 80 % de ce montant. Un délai peut être accordé au titulaire pour s'acquitter de sa dette.

En toute hypothèse, est interdite l'insertion dans un marché de toute clause de paiement différé ce qui fut à l'origine de la disparition des marchés d'entreprise de travaux publics dans les années 1990.

Les opérations effectuées par le titulaire d'un marché qui donnent lieu à versement d'avances ou d'acomptes, à règlement partiel définitif, ou à paiement pour solde, sont constatées par un écrit établi par le pouvoir adjudicateur ou vérifié et accepté par lui.

Suivant ces hypothèses, le délai global de paiement d'un marché public ne peut excéder 30 jours pour les services de l'État et ses établissements publics autres que ceux ayant un caractère industriel et commercial, pour les collectivités territoriales et les établissements publics locaux et 50 jours pour les établissements publics de santé et les établissements du service de santé des armées.

Le dépassement du délai de paiement ouvre de plein droit et sans autre formalité, pour le titulaire du marché ou le sous-traitant, le bénéfice d'intérêts moratoires, à compter du jour suivant l'expiration du délai. Les modalités de mise en œuvre du délai global de paiement des marchés publics et de calcul des intérêts moratoires sont détaillées par le décret n° 2002-232 du 21 février 2002 relatif à la mise en œuvre du délai maximum de paiement dans les marchés publics. Le dispositif concernant le taux des intérêts moratoires à appliquer en cas de dépassement du délai maximum de paiement est le suivant :

- pour les marchés passés par les établissements de santé des armées et les établissements publics de santé, le taux des intérêts moratoires est celui de l'intérêt légal majoré de deux points, sauf pour les marchés formalisés si le taux des intérêts moratoires n'est pas référencé dans le marché : il est, dans ce cas, fait application du taux mentionné au paragraphe suivant ;
- pour les autres marchés, il est fait application du taux d'intérêt de la principale facilité de refinancement appliquée par la Banque centrale européenne à son opération de refinancement principal la plus récente effectuée avant le premier jour de calendrier du semestre de l'année civile au cours duquel les intérêts moratoires ont commencé à courir, majoré de sept points. Ce taux est mis à jour le 1er janvier et le 1er juillet de chaque année civile.

Dans tous les cas, pour la liquidation des intérêts moratoires, le taux à prendre en compte est le taux en vigueur à la date à laquelle les intérêts moratoires ont commencé à courir.

Toutefois, dans le cas où le marché prévoit l'échelonnement de son exécution et des versements auxquels il donne lieu, aucune créance ne peut devenir exigible, aucun intérêt moratoire ne peut commencer à courir avant les dates ainsi prévues par le marché. En cas de résiliation du marché ouvrant droit à indemnisation, si les parties ne parviennent pas à un accord dans un délai de six mois à compter de la date de la résiliation sur le montant de l'indemnité, le pouvoir adjudicateur verse au titulaire, qui en fait la demande, le montant qu'il a proposé.

La loi du 28 janvier 2013 portant diverses dispositions d'adaptation de la législation au droit de l'Union européenne en matière économique et financière définit les conditions de paiement dans les marchés publics. En l'attente des décrets d'application permettant l'entrée en vigueur de ces dispositions à compter du 16 mars 2013, le dispositif ne modifie que marginalement le régime des délais de paiement.

BIBLIOGRAPHIE

– Allaire (F.), *Les marchés publics d'assurance*, LGDJ, 2007 ; « La sélection des procédures de marchés publics », *Encyclopédie des collectivités locales*, Dalloz ; « L'appel d'offres et autres procédures », *Encyclopédie des collectivités locales*, Dalloz ; « Les marchés de procédures adaptées », *Encyclopédie des collectivités locales*, Dalloz ; La nouvelle réforme du droit des marchés publics, *RDI*, septembre 2016.

– Braconnier (S.), *Précis du droit des marchés publics*, Le Moniteur, 2012.

– De Laubadère (A.), Moderne (F.) et Delvolvé (P.), *Traité des contrats administratifs*, 2e éd., t. I (1983), t. II (1984), LGDJ.

– Dossier *AJDA* 1998, « La liberté contractuelle des personnes publiques », p. 643 et s.

– Dreyfus (J.-D.), *Contribution à une théorie générale des contrats entre personnes publiques*, L'Harmattan, coll. « Logiques juridiques », 1997.

– Linditch (F.), *Le droit des marchés publics*, Dalloz, coll. « Connaissance du droit », 2015.

– Llorens (F.), *Contrat d'entreprise et marché de travaux publics*, LGDJ, 1981.

– Peyrical (J.-M.), « La notion de marchés publics », *Encyclopédie des collectivités locales*, Dalloz.

– Pouyaud (D.), *La nullité des contrats administratifs*, LGDJ, 1991.

– Richer (L.), *Droit des contrats administratifs*, LGDJ, coll. « Manuel », 9e éd., 2014.

Achevé d'imprimer par France Quercy, 46090 Mercuès
N° d'impression : 60831 - Dépôt légal : août 2016

Imprimé en France